涵芬书坊 013

古希腊的神话与宗教

〔法〕让—皮埃尔·韦尔南 著

杜小真 译

商务印书馆
The Commercial Press
2020年·北京

Jean-Pierre Vernant
Mythe et Religion en Grèce Ancienne
© Seuil 1990

涵芬楼文化 出品

译者的话

杜小真

涉足看来与我们的最后联系都已断绝的古代，努力从外部、通过比较从外部了解一种已经死亡的宗教，其实就是以人类学家的方式对我们自己进行探究。

——韦尔南
法兰西学院就职演讲

在巴黎拉丁区小王子街孔德研究院一间小小的办公室中，我见到了J. P. 韦尔南先生。已经86岁的韦尔南先生神采奕奕，我们谈到他的经历，他的书，他多年来希望去遥远中国的梦想……我告诉他，《希腊思想的起源》(1962年发表的韦尔南的第一部专著，原版至今已再版七次) 已在前几年由秦海鹰女士译成中文，受到关注。据我所知，许多北大学生都读过并且喜欢。有一位哲学系学生发出"原来可以这样讲希腊"的感叹。我还告诉韦尔南先生，也是由于读了那本小书，我才特别想更多地知道他和他的作品，想让更多的中国朋友了解这位出色的研究希腊的学者的思想。所以当色伊出版社推荐这本放在读者面前的《古希腊的神话与宗教》时，我非常愉快地承担译事。如今，书已译完，又见到了韦尔南先生，当面告诉他这个好消息，真是由衷的高兴、欣慰……

　　韦尔南先生是法国当代著名学者，是现今知识革命时代为数不多的真正"百科全书派"式的专家之一。他是学哲学出身，曾经做过中学哲学教师，从事哲学研究。但是他不满足于哲学家对现实陈述的话语，而是要对现实本身进行探究。1948年回到巴黎的法国著名希腊研究学者路易·谢和耐（Louis Gernet，是当代法国汉学大家雅克·谢和耐的父亲）对年轻的韦尔南影响很大，促使他对希腊社会中的权力问题予以极大的关注。而与此同时，韦尔南加入了法国共产党，是一名以民主和共和为目的的左派抵抗运动战士，所以，从人类学角度研究希腊民主制的基础也成为他的兴趣所在。不过他没有走他本来希望的列维·施特劳斯人类学家的职业道路，而是从1948年开始把目光转向古代希腊，开始了他的研究道路：他希望古希腊的世界可以成为现代人理解理性何以出现的理论工具。他的学术发展渐渐与列维·施特劳斯和结构主义拉开距离，他反对轻视历史，特别强调每一种文化的特点，实际上，在每一种历史和社会的境况中，牺牲、战争、死亡的表现都是各不相同的。从1962年发表第一部著作到今天，几十年来韦尔南的著述颇丰，每一部都堪称学术精品。1974年起，韦尔南在法兰西学院任古代宗教比较研究教授，并且在高等实践研究院任教。他赋予古代社会研究以年轻的活力："韦尔南深刻地更新了我们对希腊世界的理解。神话、诸神、城邦、宗教，他探究有关希腊人的一切。"①

《古希腊的神话与宗教》这本篇幅不长的小书别具风格，启人深思。韦尔南先生从古希腊神话出发，向我们讲述始原的强人谱系，养育了大地和天空、洪水与黑暗的"混沌"和"盖娅"就是由此而来的。也是由此，一系列承受每一特定活动和地形个体化和影响的神出现了。最开始，原则就是君王：最初的顺序主宰着宇宙的安排。为了理解神话的产生，不可缺少的是异于神话的东西：思想悲剧、社会。韦尔南特别强调神话与最初理性思想密不可分。希腊的理性主义从来就与修士和圣物有关。从希腊人特有的"人"的概念的意义出发，韦尔南要用一种新的方法去理解希腊的多神论：希腊的Citoyen libre（自由人）是唯一称得上"人"的人，他其实不受制于任何人和物。诸神无处不在，他们是人的社群的一部分，他们由面具和神像表象出来，这就是说，希腊人虽然不认为这些面具、神像就是人格化了的诸神，但却认为应该赋予诸神以形式，在某个特定的地方对某个神进行崇拜。古希腊的宗教就是与这样的崇拜相联系的。特别是韦尔南笔下呈现的狄俄尼索斯酒神的崇拜，那种既美丽又野蛮，并且带有奇异女权主义成分的狂欢式的宗教仪式，

---

① 韦尔南：《理解的意志》（访谈录），黎明出版社，巴黎版，1999年之第69页。

向我们展示了一种神秘性,"激情状态"这个词原来的意思就是说"神进入了崇拜者的体内,崇拜者相信自己已经与神合而为一。人类成就中最伟大的东西大部分都包括某种沉醉的成分……"[①]在韦尔南看来,基督教其实就是把基督一神论变成一种承载希腊这种过去的一部分的宗教的中介。而古希腊宗教与基督教的不同就在于信仰者的性质。在希腊,信仰者(崇拜者)肩负社会功能,而在基督教中,信教者仅仅而且完全是一个人。因此,由于人本身处于他人注视之下,希腊人更加要求公民的平等,所以,为揭示每个人之所以是镜子和面具是至关重要的。也由于这个原因,韦尔南认为,希腊与我们要比人们想象的接近得多。

韦尔南先生曾说过,他的儿子童年时经常缠着他讲故事,于是每天晚上他都在孩子床边讲述一个个希腊故事,孩子在这些美丽的叙事中渐渐长大……实际上,韦尔南的故事更多陪伴的是不同年代的成人,他们隔着时间的屏障寻找遥远的美丽和善良……

作为译者,我由衷感谢韦尔南先生的著述,希望我的工作能对中文读者了解他的思想有一点帮助。也借此机会对三联书店多年予以我帮助和鼓励的倪乐女士表示诚挚的谢意和友情,没有她和其他友人的支持,我会一事无成。

2000年7月,巴黎

[①] 罗素:《西方哲学史》上卷,中译本,何兆武等译,商务印书馆,1997年,第39页。

目 录

译者的话（杜小真） / 001

导言 / 001

    神话，礼仪 诸神的形象 / 010

    诗人的声音 / 011

    一神教观点 / 016

    解密神话 / 020

诸神的世界

宙斯，父与王 / 029

必死者和不朽者 / 037

公民宗教

诸神和英雄 / 047

半神 / 051

从人到神——祭献

节日大餐 / 063
普罗米修斯的狡黠 / 067
牲畜与诸神之间 / 073

希腊神秘主义

伊流欣努秘仪 / 083
狄俄尼索斯,奇特的局外人 / 087
俄耳甫斯教,寻找失去的统一 / 095
遁世 / 099

附录

希腊思想
——韦尔南与伏隆提兹、阿赫多、
维达尔-纳盖谈话录 / 105

再版后记(杜小真)/ 151

导 言

想用一本小书概述希腊宗教的历史,是否事先就注定要失败?一旦提笔落纸,墨迹未干,就会有那么多的困难突然出现,那么多诘难意见向你袭来。人们是否有权利在我们所认同的意义上谈论宗教?在"宗教回归"中——今天,每个人都或因欣喜、或因遗憾而为之震惊,希腊人的多神教却没有其地位。当然,这是因为多神教是一种死亡的宗教,但也因为,对于那些期待在信教者团体中找到集体生活的宗教范围和内在信仰根源的人们,多神教毫无用处。从异教到当代世界,宗教的地位及其作用、功能及其在个体和团体中的位置同时发生了变化。弗斯图日勒(A. J. Festugiere)——下面我还要更详细地谈到他——把神话学领域从希腊宗教中排除出去,而少了这一块,我们就很难设想希腊诸神。他认为,在这种宗教中,只有崇拜来自宗教。崇拜,或不如说就是虔诚的一神教信徒认为能在古人的礼拜仪式上,反映其特有的基督教意识的因素。其他一些学者则把这种排除推得更远。

从古代信仰那里，排除了他们自己通过参照我们的宗教精神而确定的宗教精神相异的一切。1910年，孔巴莱梯（Comparetti）在谈到俄耳甫斯教①时确认，这是在异教中唯一名符其实的宗教："除去秘传教义，余下的就只剩下了神话和崇拜。"余下的一切？在渴望脱离尘世与神结合，完全与世隔绝的教派之外，希腊人的宗教性只剩下了神话，这就是说，在他看来，只留下了诗歌的魅力和崇拜，同时，仍然是他认为，留下了一系列多少与巫术活动有关的祭祀礼仪教规，而前者又来源于后者。

因此，希腊宗教历史学家应该避开两个障碍。他应避免以今天教徒的模式，把他研究的宗教"基督教化"，而这种研究是通过解释希腊人的思想、行为和情感进行的。希腊人在世俗宗教的范围内进行信仰活动，在这样或那样的生活中，在教派内部保证个人的自我救赎，而希腊人的教派是唯一习惯于让他从事圣事，以使之成为忠实信徒。但是，希腊城邦的多神教和《圣经》的重要宗教的各种一神教之间的差距甚至可说是对立，注意到这一点就不应该致使前者失去信誉并把前者排除在宗教领域之外，弃之于另外的领域之中，同时与"原始信仰"和"巫术－宗教"活动的背景联系起来，就像追随福拉才（J. G. Frazer）、哈里森（J. E. Harrison）的英国人

---

① 俄耳甫斯教：古代崇拜俄耳甫斯的神秘教理。
本书中除署名者外均为译者注。

类学派所做的那样。古代宗教与今天的宗教相比,既不缺少丰富的精神,也不缺少复杂、严格的理智。宗教现象拥有各种不同的形式和方向。历史学家的任务就是:通过希腊人的宗教与其他调节人和彼世关系的多神教、一神教的对照和比较,界定希腊人宗教性可能有的特点。

如果没有类比,人们就不能谈论希腊人的虔诚与不虔诚、纯洁与污秽、对神的畏惧与尊敬、纪念诸神的仪式以及节日、祭祀、祭品、祈祷、慈善活动。但是差异也是显而易见的:这些差异如此根深蒂固,以至就是那些文化活动——似乎具有最可靠的稳定性的活动,这些活动从一种宗教到另一宗教都被冠之以同一个名词:祭献——在进行过程中表现了它们的目的性,神学功绩,以及如此根本的分歧,人们可以对这些活动的主体说话,同样可谈论恒常、变化和断裂。

任何先贤群,皆如希腊人的先贤群,都设定了各自不同的神。每一个神都有其特定的职能、专管的领域、特别的行动方式、独有的权力类型。这些神在相互关系中构成了一个有等级的彼岸的社会,在这个社会中,权限和特权受到相当严格的界定,诸神彼此间必然会互相限制,同时又互相补充。在多神教中,神不过是独一性的,并不像我们所认为的那样,意味着至高权力、全知、无限和绝对。

这些不同的神存在于尘世之中,是尘世的一部分。他们不是通过在独一的神那里标志神的完全超越性来创建世界，因为那种超越性相对的是存在由之而来，而且完全依附于神的活动。诸神生于尘世。希腊人崇拜的一代奥林匹斯诸神与宇宙同时出世，在分化和排列中获得有序宇宙的最终形式。本原的发展过程是从作为混沌（chaos）和大地（gaia）的最高权力出发的，与此同时并从同一运动中诞生的，是人世——各居于世界一部分的各种人能够静观这人世——和过着天国生活又主宰不可见物的诸神。

因此，在尘世中，有神存在，犹之乎神性中存在着世俗性。这样，崇拜就不可能针对一个完全超世俗的存在，因为这个存在的形式在物理世界、人类生活、社会存在中与任何属于自然范畴的东西之间都没有共同的衡量尺度。相反，崇拜可以针对某些诸如月亮、黎明、阳光、黑夜、泉水、江河、树木、山峰的其他东西，也还完全可以是一种情感、爱欲（aidos，eros）、道德或社会的概念（dike，eunomia）。并非每一次都涉及纯粹意义上的诸神。但是，所有的神在其专有的记载中，都以某种方式表现神性，这与庙宇中的祭拜神像用以使神现时化的方式相同，神像得以理所应当地接受信徒的虔诚。

面对一个诸神充斥的宇宙，希腊人并没有把作为两个对立领域的自然与超自然分离开。二者始终内在地互相关联。

尘世的某些状态，让希腊人感受到了在建立与诸神的联系的祭拜礼仪的过程时，在与诸神"交往"中，具有同样的神圣情感。

这并不是一种自然宗教，也不是说，希腊诸神也并非力量或自然的各种现象的人格化。诸神完全是另外一回事。雷电、暴风雨、高耸的山峰不是宙斯，而是属于宙斯的。宙斯远远超出这一切之上，他把这一切都包容在一种至高权力之内，这种权力延伸到的地方不再是物理，而是心理、伦理或机制的现实之中。这就把至高权力变成为一种神性，因为至高权力把在我们看来完全不协调的各种"结果"聚集在一种权威之下，而希腊人却使它们类同起来，因为希腊人从中看到了在最多样的领域之实施的同样权力的表现。如果雷电或各种高度是属于宙斯的，那是因为神凭借带有某种绝对特权、至高权力标志的东西在浩瀚宇宙中表现自己。宙斯不是自然力量，他是王，他是在所有他可能具有的形态中的至高权力的持有者和主人。

独一、完美、超越、与人类有限精神没有共同尺度的神，我们如何凭借思想到达他呢？知性通过何种罔眼能够切入无限？上帝是不可认识的。人们只能承认他，知道他在其绝对存在中存在。还需要中介者和调解者以填平上帝和世上其他一切之间难以逾越的鸿沟。上帝为了使他的造物认识他，就必须选择向其中一些昭显自身。在一神教中，信仰通常参照某种启示的形式：从一开始，信仰就深深扎根于超自然的范围内。希腊多神教并不建立在一种启示的基础上，没有任何东西把启示——从神开始并通过神——奠定为强制的真理。信教依仗的是实际应用：人类祖辈留下来的习俗，nomoi。这无非就是语言、生活方式、饮食习惯、衣着、举止、私人和公众场合的行为风格，崇拜除了自身的存在之外不需要其他的证明：从人们实行崇拜起，崇拜就经受了考验。它表达了希腊人有史以来用以调节自身与彼世关系的方法。与彼世分离，这已经意味着不再完全是自身，就像不会说自己的语言一样。

因此，在宗教与社会、奴隶与公民之间并不存在对立，也不存在明显的断裂。这与超自然和自然、神与世俗之间的情况是一样的。希腊宗教并没有构建一个另外的领域，即一个封闭于自身界限之中并且要加在家庭、职业、政治或娱乐生活之上而又不与之相混的区域。如果对于古代和传统的希腊人有理由谈论"世俗宗教"，那是因为，宗教在古希腊，始终包容在社会之中。反过来讲，社会在所有等级上，在其各种形态中一部分一部分地被宗教渗透。

由此产生两个后果。在这种类型的宗教中，个体本身并不占据中心位置。个人并不以纯粹个人的名义——作为承担自身灵魂自救的特殊造物——参与崇拜。在此，个人担当的是他的社会身份赋予他的角色：法官、公民、胞族族长、一个部落或一个德莫①的成员，家中进入成人生活各个阶段的父亲、主妇、青年——男孩或女孩。这种宗教奉献出一种秩序，并且在适当的地方把不同的组成部分融入其中，而把对每个个体、对他可能的不朽、他超越死亡的命运的挂虑置于宗教领域之外。即使在诸如有关伊流欣努②秘传的传说中，那些被授以教义的人们都获得了在哈得斯③那里会有更好命运的允诺，但他们并不为灵魂操心：其中全然没有为了灵魂的纯化引起的对灵魂的本性的反思或实行的精神技术。正如路易·谢和耐（Louis Gernet）④所看到的，秘传教义的思想始终闭门不出，为的是让荷马式的灵魂观念几乎永远不变地延续下去，这种灵魂就是生者的幽灵，被流放到地下的游移阴影。

信徒因此没有与神建立一种人对人的关系。一个超越的神，正是因为他在尘世之外，在此世能及之外，才能够在每个信徒的内心，在每个信徒的灵魂中——如果这个灵魂已经准备好为宗教献身——找到接触和沟通的最佳地点。希腊诸

---

① 德莫（Deme）：古希腊阿提卡半岛（Attique）的区和镇。
② 伊流欣努（Eleusis）：古希腊城市，在雅典西北。
③ 哈得斯（Hades）：希腊神话中的冥王。他和妻子帕耳塞福斯为阴间主宰。
④ 见《希腊宗教的人类学》，1955，载《古希腊人类学》，巴黎，1968，第12页。——原注

神不是人，而是天神。他们所以受到崇拜是因为他们极其显赫的身份。如果他们与人类同属一个世界，如果说他们以某种方式拥有同样的根源，他们就构成了一个种族，这个种族无视标志着否定性印记——软弱、劳累、痛苦、疾病、死亡——的造物的一切缺陷和不足，既不象征绝对，也不象征无限，而是体现了在这世界上造成存在荣光的所有价值：美、力量、永远的青春、生活的永恒光辉。

第二个结果：说政治家充满了宗教性，就是同时承认宗教本身与政治相关。任何行政官职都具有神圣的性质，而任何教职都来自公众权力。如果说诸神是城邦的诸神，如果城邦内外没有受到诸神的神性护卫，那么，公民议会就会像控制人的事物那样，控制神职品级的结构、圣物、诸神事物了。公民议会确定宗教日历，颁布神圣法律，决定节日的组织安排，宗教裁判条律，要进行的祭祀活动，要接受的新神以及与之相称的荣誉。因为，不存在没有诸神的城邦，世俗诸神反过来需要城邦承认他们，接受他们并与城邦合一。正如马塞尔·狄廷[①]所说：从某种意义上讲，诸神必须变成为公民才能完全成为神。

我在此引言中要提醒读者，这样的企图，即避免把古希

---

① 狄廷（Marcel Detienne, 1935- ），比裔法国古典学家，神话学家。

腊人的宗教世界与我们今天熟知的宗教世界同化得过于自然。但是，由于重视各种不同的特点，我不能避免有些超出计划的可能。没有一种宗教是简单、一致、单一的。就是在公元前6世纪和前5世纪，当上述公民宗教信仰统治着城邦全部宗教生活时，还是不乏一些次要的、方向各异的教派与之同在，居其边缘。还应再进一步：公民宗教本身如果规范了宗教行为，那只有在为秘传教义崇拜安排一个位置的过程中才能完全保证自己的控制力量，这些宗教信仰的希望和立场与公民宗教部分毫不相干，而且在为了包容公民宗教的整合过程中，成为一种像狄俄尼索斯教那样的宗教经验，而狄俄尼索斯教在许多方面都与公民宗教精神背道而驰。

公民宗教、狄俄尼索斯教、秘传教义、俄耳甫斯教，关于我们所述时代中它们之间的关系，关于它们各自的影响、功绩、意义的争论远未结束。与我不同学派的布尔凯特（W. Burkert）那样的宗教史学家，也同意我的许多观点。而在与我比较相近的学者之中，在某些观点上的相合也并非没有细微的差别或分歧。

我选择的论述方式并不会让我涉及这些专家之中进行的争论，也不会让我投入各种学术辩论。我的旨意只限于提出理解希腊宗教的阅读的钥匙。我的导师谢和耐也曾针对同一主题写了一部仍具现实性的重要著作:《宗教中的希腊神》[①]。我要在这本小书中让读者感到何谓我所说的希腊宗教风格。

神话,礼仪 诸神的形象

希腊古代和古典的宗教,在公元前8世纪到前4世纪之间,表现出值得注意的一些特征。如同其他多神崇拜一样,它与任何启示形式无关:既没有预言,也没有救世主。它扎根于一种传统,这种传统与之紧密融和,与之共同包容了希腊文明所有其他的构成成分,以及所有赋予城邦希腊以特有面貌的东西:从语言、手势、生活、感觉、思维方式到价值体系和集体生活规则。这种宗教既非一律不变,也非严格固定的。它不具有任何教理的特性。希腊宗教没有神职等级,没有专门的神职人员,没有教会,也没有以文字记载颠扑不破真理的圣书。希腊宗教不意味任何用以强加给信徒有关彼世统一信仰的教条(credo)。

如果事情真的如此,那希腊人对于宗教的内在信念是建立在什么上面的呢?又是如何表达出来的呢?希腊人的信念不属理论范畴,这些信念从来不会以不忠的罪名为惩罚去强

[①] 谢和耐(Louis Gernet),布朗热(André Boúlanger):《宗教中的希腊神》,1932年,1970年再版。

迫他们在任何地方都要严格服从特定的真理。对于参加宗教仪式的人来说，只需相信长篇累牍的各种故事——从童年起就知道的故事——就足够了，这些故事有各种版本，派生的变种数量特别大，足以给每个人留出充足的解释空间。正是在这个范围内并以这种形式，各种对诸神的信仰得以形成，一种足够可靠的对自然、自身作用和要求的舆论协调得以产生。否认共同信仰的这种背景，就好比是不再说希腊语，不再以希腊方式生活，不再是自身。但是，人们也知道，还存在着与他们不同的其他语言和宗教，人们总可以对其固有的宗教保持相当距离，以对之进行自由的批评和反思，而又不会不信宗教。希腊人并没有丧失信仰。

诗人的声音

通过故事传播的大量传统"知识"，涉及彼世社会，诸神的家庭，诸神的谱系，他们的遭遇、冲突或合作，他们各自的权力、领地和行动方式，他们应该享有的特权和荣誉，这一切在希腊都是如何存在、保留和流传的呢？在语言方面基本上有两种方式。首先，通过在每个家庭中，特别是妇女们作为中介，口口相传的传统：奶妈的故事，老祖母的寓言，用柏拉图的话讲，孩子们如此在摇篮里就知道这些传说和寓言的内容。这些故事，这些神话，因为是在人们学说话的同时就听到了而变得更加耳熟能详，它们制造了一个道德框架，希腊人依照这个框架自然而然地发展到表现神、安置神、思考神。

后来，通过诗人的声音，诸神的世界奇特地远远地向人类展现，彼世的天神通过讲述他们的生动故事具有了理智所熟悉、允许的形式。聆听诗人们在乐器伴奏下的咏唱，这不再是很有限范围内的个人行为，而是在公众场合，在宴会上，在正式节庆中，在重要的体育竞争和比赛中常有的活动。文学活动由于借助书写而得以延续，并且改造了源远流长的口吟诗歌传统，在希腊社会与精神生活中占据了中心位置。对于听者，这不是简单的个人消遣，不是博学才士专有的奢侈，而是代替社会记忆、知识保存和交流工具的真正机构，其作用至关重要。正是在诗歌中，并且通过诗歌，各种重要特点得到表述和确定，同时具有了易于记忆的言语形式，这些基本特点超越每个城邦的神宠论为赫拉德①的统一奠定了一种共同文化——专门涉及宗教表象，涉及纯粹意义上的诸神、精灵、英雄或死者。如果没有史诗、抒情、悲剧性的诗歌，人们就只可能谈论希腊崇拜——复数的——而

---

① 赫拉德（Hellard）：古希腊地区名。

不是一种希腊宗教。荷马与赫西俄德①在这方面起了特殊作用。他们有关诸神的叙事获得了一种近乎经典的价值。对于模仿这些叙事的作者和聆听、阅读过这些叙事的公众来说，它们已经成为参照的楷模。

无疑，其他诗人不曾产生过类似的影响。但是，只要城邦还存在，诗歌活动就会继续起到这种镜子的作用，这面镜子反映群体的固有形象，使人们得以在对神圣的依附中把握自我，面对诸神确定自我，并且通过世代连续交替保证一个要消亡的团体的和谐、延续、恒常，以得到理解。

由此，一个问题就向宗教历史学家提了出来。如果诗歌就这样负责进行全部证明，希腊人认为这些基于诸神存在的证明是支持诸神的地位和他们与要消亡的造物之间的关系的。如果每个诗人都要——有时会稍加改动——陈述诸神和英雄的传说，那林林总总的传说构成了希腊人掌握的关于彼世的百科全书，那么是否应该把这些诗歌故事，这些戏剧化的叙事视为宗教领域的档案，或者只赋之以一种文学上的价值？简言之，传说和神话，在希腊文明赋予它们的各种形式中，是否应该与宗教或文学领域联系起来呢？

对于文艺复兴时期的博学之士与19世纪的绝大多数学者

---

① 赫西俄德（Hesiode）：公元前8世纪希腊诗人。

来说，答案不言而明。希腊宗教，在他们看来，首先就是一个复杂而丰富的传说故事的宝库，这些故事传说由那些后来被拉丁诗人替代的希腊诗人传给了我们，异教精神在这些故事中仍然相当强烈，以至为今天基督教世界中的读者提供了理解古代多神教的智慧的最可靠的途径。

尽管如此，现代人接受这个观点只限于紧跟古人亦步亦趋，沿循古人已经走出的道路。到了公元前6世纪，雷吉昂的狄奥根尼[①]和赫卡特[②]开启了由他们开始并继续下去的理智步骤：传统的神话不再仅仅被再述、发挥和改动，它们还经受一种理性的检验，人们对传说故事，特别是荷马的叙事进行批评反思，或对之施用寓意解释的方法。到了公元前5世纪，一种后来被系统承继下去的研究工作开始起步，这基本上得益于两个方面的影响。首先是对某个城市或部落特有的口头流传下来的一切进行收集和清理。这将成为某些作家的任务，这些作家以雅典人的阿提卡记录方式希求通过文字确定一座城市和一个民族的历史——从最遥远的起源开始，同时追溯到那神奇的年代，在那个年代，诸神混同于人类直

---

① 狄奥根尼（Theogene）：希腊小说家赫里奥德（Heliodore，公元前1世纪间）作品中的人物。

② 赫卡特（Hecate）：希腊神话中的黑夜和下界女神，经常以三头三身出现。在地上被称为阿尔忒弥斯，在冥界被称为赫卡特。

接介入人的事情以建立城邦，从而引出一连串最初的执政王朝。这样，从希腊化时代开始，博学之士就有可能进行编纂工作，并得以编写真正的神话目录汇编：比如《伪阿波罗尼俄斯①书目》，亚冉②的《寓言》、《天文学》，狄奥多鲁斯③的《历史全书》，安东尼奥·里波拉利的《变形集成》、《梵蒂冈神话集成》。

其次，与这种意在以简洁方式并沿循系统秩序表现希腊传说共同背景的努力同时，人们看到——在诗人们那里已经感觉到——在这些传说叙事中，已经表现出对与神的至高尊严不相容的怪诞情节的可信性的疑虑。但是，随着历史和哲学的发展，质疑的规模极度扩展，批评也由此波及普遍的神话。面对历史学家的调查和哲学家的论证，传说因其为传说，它的有效而真实讲述诸神的任何能力都被否定了。这样，当希腊人极度关注编集和确定他们的传统遗产时，他们有时会以很极端的方式对这种遗产提出质疑，同时会清楚明白地提出神话的真实性——或虚假——的问题。在这方面——从否定，纯粹而简单的不承认到多种多样的解释形

---

① 阿波罗尼俄斯（Pseudo-Apollodor，公元前295-前230年）：希腊诗人，曾任亚历山大城图书馆馆长。
② 亚冉（Hygin）：136-140年为九世教皇。
③ 狄奥多鲁斯（Diodore，公元前90-前20年）：希腊历史学家。有四十卷《历史全书》，现存五卷。

式——会有各种不同的出路，各种解释形式由于同一种博学解释学——这种解释学在叙事网络下，揭示传统伪装后面的类似这些重要真理的神秘教义。知识，即智者享有的特权，由此开启了通向神的唯一道路——代替庸俗的阅读而得以"拯救"神话。但是，不论希腊人是极其细心地收集自己的神话，还是以另一种更加真实的知识类型的名义对之进行解释、批评或否定，对于古人来讲，那都是把在城邦希腊中，对他们通常变化着的理智也用于寻找有关彼世信息的方法。

一神教观点

然而，从20世纪上半叶的历史学家们那里，可看到一种新的倾向：他们中的大多数在对希腊宗教的考察中，都与传说传统保持距离。他们拒绝把传说传统看作属于纯宗教范围的历史记载，否认它对信仰的真实状态和信徒情感具有见证的价值。这些学者认为，宗教是寓居于祭礼组织、祝圣历法以及在诸神各自的祭坛上举行的祭礼之中。面对这些祭祀活动——它们构成宗教行为得以植根的沃土——神话造成了文学的突起和纯粹的虚构。诗人的多少总是无用的想象，与信徒内在的信念只有很远的关系。信徒参与的是具体的祭祀仪式，是一系列日常的活动，这些仪式与活动使之直接与神圣接触，把他造就成一个虔诚者。

弗斯图日勒（A. J. Festugiere）在1944年出版的《宗教通史》"希腊"一章中这样告示读者："无疑，服从各自艺术要求的诗人和雕刻家们，他们倾向于表现特点鲜明的诸神群体：形式，属性，谱系，历史，一切都有明确规定，而崇拜与公众情绪揭示了其他的意向。"这样，宗教的领域从一开始就处于关闭状态："为深刻理解希腊宗教，忘掉诗人和艺术的神话，去看看崇拜，最古老的崇拜。"①

这对崇拜活动情有独钟的观点，这对最古老的崇拜的重视与什么相呼应呢？它相应于两种各不相同的理性类型。第一种理性类型是普遍的，而且系于学者的个人哲学，系于他从宗教那里得出的观念。第二种理性类型适应于更加技术性的要求：经典研究的进步，特别是考古学和题铭学的飞跃发展，这些都为研究古代的学者们在神话之外开辟了一个新的探索领域，这种探索导致对独一文学传统的希腊宗教图表提出质疑，为的是进行可能相当深入的修正。

今天，有关这两点的看法又是怎样呢？关于前者，已形成几点定论。对神话的否定基于在宗教方面的反理智的偏见。在作为彼世的多种多样的神背后，人们设定了一种成为任何宗教经验原始而普遍核心的共同因素。人们不能指望在

---

① 《世界通史》，M. Gorce et R. Mortier主编，1944年，弗斯图日勒的"希腊宗教"载第二卷：《希腊－罗马》，第27-197页。——作者注

总是多样和无常的各种结构中找到这种因素。而精神建立这些结构是为了表象神明。人们于是把那共同的因素置于理智之外，置于每当超自然的自明性以其不容置疑的怪异强加于人时，人所感到的对神的敬畏之中。希腊人用一个词来表示这种面对神圣的在场产生的情感反应：那就是thambos，敬畏。最古老的崇拜、从同一根源而来的适应多种人类境况和需要的习俗借用的各种形式，这些都是依靠敬畏这块基石而立的。

以此类推，在变化无常的名字、形象、每个神所特有的职能后面，人们可以推断：祭祀实践的是与作为超人类的（to kreiitton）一般的"神"同样的经验。这不确定的神——希腊文为to theion或to daimonion——隐藏在各种特殊神中，依照崇拜所欲求或敬畏的对象而自行变化。轮到诗人们在神这块共同的材料上刻画各种特殊的形象。按弗斯图日勒断然称之为"神的小说"的说法，诗人们为每个神都设想了一系列戏剧性的遭遇，从而使这些神栩栩如生。然而，对于任何祭祀行为来讲，除了人们祈求的神之外，不存在其他任何神。一旦人们向这神致敬，"神力就全部集中在这个神身上，人们也就独独关注于这个神。从理论上讲，这肯定不是唯一的神，因为确实还有其他的神，人们对此十分清楚。只不过，在实践中，在信徒精神的现实状态中，被祈求的神在此时替代了其他的神"。①

拒绝重视神话就披露了自己的秘密：甚至导致人们在一开始就多少有意识地要证明的结果：消除在先贤群中区分诸神的差异和对立，同时消除各种多神论——希腊类型的多神论和那时已成为典型形象的基督教一神论类型——之间的实际差距。这种把各种宗教放在同一磨盘上磨平拉齐的努力不能令历史学家满意。历史学家首先关注的，难道不是正相反，要突出赋予各主要宗教以独特面貌、并分别使这些宗教成为富于活力的体系的特点吗？除了敬畏和扩散神性的情绪，希腊宗教还表现为一种复杂又和谐的巨大象征结构，这种结构在一切层次、一切形态——包括崇拜——中都像为情感一样为思想留出位置。神话以与祭祀活动和神的形象化事件同样的名义在这个总体中起作用：神话、祭祀仪式、转义的表象，这是三种表达模式——口头的，行为的和想象的——通过这些模式，希腊的宗教经验表现出来，每一种方式都构建了一种特殊的语言，每一种语言甚至在与其他两种语言的联合中都符合特殊的需要并且承担自主的职能。

---

① 《世界通史》，M. Gorce et R. Mortier 主编，1944年，弗斯图日勒的"希腊宗教"载第二卷：《希腊－罗马》，第50页。——作者注

解密神话

　　此外，G. 杜梅泽尔[①]和Cl. L.施特劳斯[②]有关神话的论述可使读者以完全不同的方式提出涉及希腊神话的各种问题：如何阅读这些文本？从这些文本中可得出何种理智上的意义？它们在宗教生活中又占有什么地位？人们可以谈论神话——就像涉及一位诗人个人的幻想，一种自由而又无用的小说的虚构那样——的时代一去不复返。神话服从——直至它所顺应的各种变化中——一些相当严厉的集体压力。在希腊化时代，当一位像卡利马克（Callimaque）那样的作者重提传说的话题以介绍对它的新解释时，他没来得及随自己的意愿改变其成分并按自己的喜好重组故事情节。他属于一种传统。如果他想要他的叙事为公众所接受，不论他是正好符合或在某些点上偏离这个传统，他都受制于它，依靠它，并且应该或至少也是暗暗地参照这个传统。L. 谢和耐已经指出过：即便看起来，叙事者完全再造了故事，他也是紧紧沿着具有自己发展方式、内部必然性及一致性的"传说的想象"这条线的。甚至在不知不觉中，作者也会遵从这联想、对立

[①] 杜梅泽尔（G. Dumezil, 1898-1986年）：法国宗教历史学家，长期从事北欧神话、史诗和宗教研究。

[②] 施特劳斯（Claude Lévi Strauss, 1908-2009年），法国结构主义创始人。

和协调的游戏规则，这种游戏是由一系列过去的故事版本引发的，构成了适合这种叙述故事类型的观念框架。这些故事中的每一个，为了获取意义，都必须与其他故事相互联系、相互对照，因为它们共同组构了同一语义空间，这个空间的特殊外形就如同希腊传说的特有标志。

对于各种版本中的一种神话或围绕同一主题的各种神话组成的故事集的分析，应该能够探索的正是这被结构化和秩序化了的精神空间。

对神话的解密因此沿循的是与文学研究不同的途径进行的，它回应的是与文学研究不同的目的性。它意欲传说本身中突出被牵涉其中的观念建构，突出所涉及的排列框架、在对现实的剪辑和编码中的选择，以及故事通过叙述手段在它引入情节发展中的各种成分之间的网络。简言之，神话学家致力于重构杜梅泽尔冠之以"意识形态"的东西，它被视作一种观念和对伟大力量的评价，这些力量在相互的关系和平衡中，统治着世界——自然和超自然——人类、社会，并使之成为应该成为的那样。

从这个意义上讲，神话并不混同于宗教秘礼，也不受制于它，但也不像人们所说的那样与之对立。神话在其口头形式中比在宗教秘礼中更清楚明白，更加适合和倾向于"理论化"。神话自身带有"知识"的萌芽，哲学继承这种知识的遗产，为的是把知识变成自己特有的对象，并把它转置于语言和思想的另外一种记录之中：哲学运用一种词汇和从同一宗教中的诸神的参照中截取的一些观念，整理它的各种陈述。宗教秘礼在功利范围的考察中并非那么不相关，而是更加介入，但它并不缺少象征。一次宗教仪式是按照一个故事情节进行的，故事的各部分像叙事的顺序一样严格排列并充满意义。虔诚者在特定境域中与这样那样的神发生关系，是通过每一细节的上演实现的，每一细节都包容一个理智的维度和目的：涉及某种神的理念和神周围的条件，还有不同参与者按各自角色和身份从这与神明的象征性交流中有权获得的结果。

群众角色的表演也具有同样的特点。如果说，希腊人在古典时期的确赋予人形的神像以一特别的地位，那他们就一定熟知表象神明的一切形式：非圣像象征，或是自然物——比如一棵树或一块天然石；或是人工制造的产品：杆、柱、杖；各种圣像形象；粗糙加工的小偶像——甚至看不出在衣服掩盖下的身体形象；兽形与人形相混的令人生畏的头像；简单的面具——在狂热者眼中，神是被一张空洞的脸招来的；还有完全和人一样的雕像。所有这些形象，对于所有的神或同一个神的各种形态，既非一一对应，也非一概适合。上述每一种形象都有各自的方式反映神的某些形态、使彼世"现今化"、把神圣局限在此世空间：深深插入地下的杆或柱，与人们在祭礼中从一个地方移到另一地方的偶像相比,与被封闭在秘密地方的腿被缚住以防逃跑的神像相比,与安放在神庙中使人们能经常在神的家中瞻仰的巨大祭拜神像相比,既没有担负同样的职能,也不具有同样的象征价值。每一种表象形式对于形象化的神都意味着一种通过形象向人类表现和实施神明对之拥有主宰的超自然权力的类型。

如果神话、形象化、祭礼按照不同形态在同一象征思想的记录中活动,人们就会明白,这一切都能够互相联合以使每一种宗教成为一个整体,这里可引用杜梅泽尔的一段话:"观念、形象和行动互相关联并且通过它们的联系形成了一种网络,在这个网络中,人类经验的全部材料理所应当得到使用和传播。"[1]

---

[1]《罗马的印欧遗产》(*L'Héritage indo-européen à Rome*),巴黎版,1949年,第64页。

诸神的世界

如若神话、祭礼、形象化构成了杜梅泽尔所说的"网络",那就还应该如他所为,分出这网的网眼,圈定网中三者交织而描画的各种外形。这应是历史学家的任务。

这个任务对于希腊宗教要比对其他印欧宗教困难得多。因为,在后者,宗教的三种功能——王权、战争、繁衍——的模式已经确定。这种结构被用作任何建筑的支架并成为关键部分,它在自己始终被明确证明的地方,赋予建构总体以统一,而这种统一似乎恰恰是希腊宗教缺少的。

希腊宗教实际上表现的是组织的复杂性,这种复杂性拒绝对整个体系进行独一阅读的规则。诚然,一个希腊神是通过把他与神庙中的其他神的各种相联和对立的关系得到确定的。而如此获取的神学结构要能归化于同一图式,就显得过于繁复,尤其是过于相异。每个神在各个不同的城邦、祭坛和不同的时间进入一个与其他神相结合的不时变动的网系。诸神的这些聚合并不遵从可能具有特殊价值的唯一模式。诸神排列为多种多样的形象,这些形象并不互相掩盖,却组成了在不同中心上、有多个进口的图表,对这图表的解读也就根据所取的起点和选定的视角有所不同。

宙斯，父与王

让我们以宙斯为例。在我们看来，宙斯这个神因为他的名字清楚道出根源而更加有意义：人们在这个名字中读到了与拉丁文dies-deus、梵文dyeus同样的印欧根源。和印度的特尤斯天父（Dyaus Pita）、罗马的主神朱庇特（Jupiter）一样，Zeus Pater，即宙斯天父（Zeus Pere）直接承继的是上天伟大的印欧神。然而，希腊宙斯的这种身份和印度、罗马与之相应的神的身份之间的差距非常明显，这一差距异常突出，以至有关希腊宗教体系中印欧传统几乎完全消失的证明，就是在最类似的神之间的比较中也是不能没有的。

宙斯并不出现在类似朱庇特-玛斯[1]—基林努斯[2]的前卡皮托利[3]三连神的三重职能的组合中。在三连神中，王权（朱庇特）与其他二者的联结是通过与战争行动（玛斯）和繁衍、收获（基林努斯）的职能的对立而进行的。宙斯，像密多罗[4]对伐楼拿[5]所做的那样，不与在王权中显示规则和司法的形态之外的暴力和魔力的价值的力量联合。乌拉诺斯[6]，黑夜天空的阴影，人们曾经企图把他与伐楼拿相提并论，他在神话中是与该亚[7]——大地——而不是宙斯为伍。

作为神王，宙斯面对其他诸神的整体，体现的是强大无比的力量，至高无上的权力：即使是宙斯为一方，所有的奥林匹斯神为另一方，那也总是宙斯获胜。面对克洛诺斯[8]和联合起来与他争夺王位的提坦神们，宙斯代表着正义，代表着荣誉和职能的准确分配，代表着对每个神所能享有的特权的尊重，代表着对甚至是最弱者的关切。在他身上并且通过他，重新联系起来的权力与秩序、暴力与权利都在他的王权

---

[1] 玛斯：罗马宗教中的主要神灵，原为五谷之灵，后被奉为农神和战神。
[2] 基林努斯：罗马宗教中的主要神灵之一。
[3] 卡皮托利：罗马山丘名，朱庇特神殿所在地。
[4] 密多罗：梵文 Mitray 音译，意为朋友。是婆罗门教、印度教神名，是统治白昼的神。
[5] 伐楼拿：梵文 Varuna 音译。婆罗门教神名，吠陀中的司法神。
[6] 乌拉诺斯：希腊神话中的天神。地神该亚的儿子和丈夫，提坦们的父神。
[7] 该亚：希腊神话中的大地女神。
[8] 克洛诺斯：希腊神话中的神，乌拉诺斯和该亚的儿子，罗马神话中的萨图恩，属提坦巨人族。

之中重新结合。赫西俄德[1]说，公元前7世纪，所有的神都来自宙斯，这不是为了把君王与武士、农民对立起来，而是为了肯定在人中间没有不致力平稳完成光大正义的任务的真正君主。四个世纪之后，卡利马克又重复了这个观点：诸王来自宙斯。但诸王和王权与宙斯的这种联姻并不属于三重职能的范围。这种联姻为一连串类同的陈述加冕，每次都让人的特殊范畴与保护他的神明联系起来：铁匠之于赫淮斯托斯[2]，战士之于阿瑞斯[3]，以竖琴伴奏的歌唱家之于福玻斯[4]，就像诸王之于神-王。

当宙斯进入三连神组合，即他与波塞冬、哈得斯[5]共连，那是为了凭借他的联合限定宇宙的等级或分域：天归属宙斯，海归属波塞冬，冥界归属哈得斯，而大地人间则归三神共管。当宙斯与一位女神联对成双时，这样形成的二元（dyade）反映了追随与之相符的不同女神的神王的各种形态。与该亚（大地母亲）成对，宙斯显示了阳刚和发生（生殖）的天则，天上丰富的雨水在大地深处生育出各种植物的

---

[1] 赫西俄德：希腊诗人，被称为教诲诗之父。著有《劳动与日子》，《诸神谱系》。
[2] 赫淮斯托斯：希腊神话中的火神，火和煅冶之神。宙斯和赫拉之子。
[3] 阿瑞斯：希腊神话中的战神，即罗马神话中的玛斯。
[4] 福玻斯：希腊神话中的太阳神，又称阿波罗，赫里俄斯。
[5] 波塞冬、哈得斯：希腊神。前者为司水界之神，后者为司冥界之神。宙斯则为天神。

嫩芽。与赫拉（Hera）①成对，宙斯则以通常婚姻的形式和传宗接代的生产者的身份支持使男女结合的"文明化"，并服务于任何社会组织奠基的机制，按照这种机制，王和女王构成的对子就提供了典型模式。宙斯的第一个妻子是墨提斯②，他把她吞下，把她全部吸收，宙斯神王同化于狡黠的智慧，为了取胜，为了维持权力，为了保证其统治的长久并使王位安全无恙，避免在将来发生预料不到的意外陷阱而事先救之于危难。宙斯的第二次联姻是与忒弥斯③，从此，他确定了自然界的季节秩序，城邦（Horai）中各社群的平衡，命运（Moirai）不可逆转的过程。他制定了宇宙规律、社会和谐与命运。

宙斯为诸神和人类之父，正如《伊利亚特》所指出的，这不是因为宙斯孕生或创造了一切人，而是因为他对每一个人都行使着一种与家庭之主施于家人的权力相同的绝对权力。宙斯与阿波罗共享先祖（Patroos）这个称呼。宙斯以大氏胞族首领（Phratrios）的身份与雅典娜一起保护在组成城邦社群的各个部落中的个体的团结。在伊奥尼亚（Ionie）的

---

① 赫拉：希腊神话中的天后，即罗马神话中的朱诺。宙斯的姐妹和妻子，掌管婚姻和生育，妇女保护神。

② 墨提斯：传说她对宙斯说，她将生的女儿的儿子（一说是儿子）要比宙斯强大。宙斯害怕，就把墨提斯吞进肚里。墨提斯生产时，宙斯头痛异常，让赫淮斯托斯给他劈开脑袋，雅典娜全身披甲从里面生出来。

③ 忒弥斯：掌管法律和正义的女神，和宙斯生时序女神。

各个城邦里，宙斯要所有的公民成为真正的兄弟。公民在各自的大氏族内部就像在同一个大家庭中生活一样。祭祖节（Apatouries）就是那些认为自己是来自同一父亲的人的节日。在雅典，宙斯与雅典娜·帕拉斯①联姻，宙斯就是Polieus，Patron（城邦的主保）。他是政治生活的领袖和保证，他与作为雅典保护神的天后结合，其职能更加明确、也可说更加局限。雅典娜守护她的特殊城市——以把它与希腊其他国家区别开来。天后"优待"雅典，首先舍去任何其他城市而赋予雅典内在和谐与外部胜利的双重优先地位。

上天，最高权力的谨慎持有者，秩序的创立者，正义的保卫者，婚姻的主人，父亲的祖先，城市的主保。宙斯的王权的图表还包括其他的维度。他的政治权力是家庭的权力。在与赫斯提②有限的联合中，宙斯既控制了每个住所中的个人家园——这个特定的中心构成了家庭扎根其中的脐——也控制着在城市中心通行的、执政法官监督的赫斯提共同语言（Koine）的城邦大家庭。家长（Herkeios）宙斯是隐修的宙斯，他圈定了家长理所应当行使权力的范围。分卖地皮的宙

---

① 帕拉斯：希腊神话中海神特里同的女儿。被雅典娜无意中杀死。后来，雅典娜自称帕拉斯或雅典娜·帕拉斯。
② 赫斯提：希腊神话中的灶神或家室女神。

斯划定边界，派阿波罗（Aigieus）和赫耳墨斯[①]守护边界门户并督查进口。宙斯Hidesios，宙斯Xenios则接受乞求者和客人，引他们到完全陌生的家中，接到家庭祭台前，但却不因此完全把他们当作家庭成员看待，而是保证他们的主权。占有者宙斯像财富卫士一样监护家庭主人的财产。作为奥林匹斯和上天之王，宙斯与哈得斯分庭抗礼。但是，科特西奥斯（Ktesios）一样，宙斯是在食物贮藏室的尽头建立祭台的，为的是显示蛇这种不折不扣的地狱之神的动物的形状。神王于是可能把这宇宙的地狱之神的部分归于自己管辖。相比之下，地下诸神平平常常地履行职责，而神王有时则会通过某种压力、内部的极性、甚至自身的分裂表达他对这部分的权力。与高居上苍光辉顶峰的天神宙斯遥相呼应的是地下神宙斯，下面的、昏暗而又在地下的宙斯。如果他愿意像地下神赫耳墨斯那样在光天化日下突然出现，那他在阴森地狱靠近死者的地方表现的或者是财富，或者是成熟的复仇计划。

宙斯用雨（阴暗的宙斯，多雨、潮湿）、风（宙斯-乌拉诺斯[②]，多风，顺风）和霹雳（宙斯-阿斯特赖俄斯[③]、霹

[①] 赫耳墨斯：希腊众神的使者，亡灵的接引神，掌管商业、交通、畜牧、竞技、演说以至欺诈、盗窃。

[②] 乌拉诺斯：希腊天神，地神该亚的儿子和丈夫，提坦们的父亲。被儿子克洛诺斯推翻。

[③] 阿斯特赖俄斯：黎明女神厄俄斯之夫，星辰、四风神之父。

雳、雷鸣）的联合把天、地联起来。他以另一种方式保证了天上与地上之间的沟通：通过各种预兆和神谕向地上的人们传递天上诸神发出的信息。按希腊人的说法，多多那①保存的希腊最古老的神谕是宙斯的神谕。宙斯曾在那里建立神庙，那里还曾有一棵像立柱那样高耸入云的参天橡树。前来向天求解难题的人们，他们头上的树叶在空中飒飒作响，他们听到这棵圣树树叶的低声细语，橡树在为他们解答。此外，当阿波罗在德尔斐②神庙宣示神谕时，他自己所说的与他以父亲之名所说的并不一样多。他与父亲的联系，就是服从其神谕职能。阿波罗是预言家，但是，是宙斯手下的预言家。他只是按奥林匹斯神的意愿宣示自己的旨意，为的是在世界的种脐，让神王和天父的教谕在那些能够聆听的人们耳边轰鸣。加在宙斯头上的涉及范围如此之广的各种名字，并非互不相容。它们属于同一领域，但各自强调不同的维度。这些名字被置于总体之中，它们就像希腊人设想王权那样描绘了象征神圣王权的各种轮廓。这些名字制定了界限，圈划了构成的领域，标志着神-王至高权力可能表现出的各种面貌，标志着在多少局限的联系中根据不同情况与其他神一起行使权力的各种模式。

---

① 多多那：希腊古城镇名。最古老的宙斯神谕宣示所的所在地。
② 德尔斐：希腊古城市名。以阿波罗神庙及神谕著称。

必死者和不朽者

克里特岛的宙斯、生在克里特的宙斯、岱基①的宙斯或伊得山②的宙斯的情况则不相同。那是青春的神,他的童年与奔跑者,与他们在酒神节祭祀中的狂舞和秘礼,与他们兵刃相交的撞击声相联系的。这个被认定在克里特岛出生的宙斯,人们还讲述过他的死亡,并且还会在岛上指出他的坟墓。但是,如果希腊宙斯呈现出多种面貌,他全然不可能与一个正在死亡的神有任何共同之处。卡利马克在献给"永远伟大、永远是王"的"史诗"中,坚决拒斥与他颂扬的神格格不入

---

① 岱基:希腊宗教中的公义女神,职司为向宙斯报告惩罚人们的过错与罪行。
② 伊得山:特洛亚附近的山名,宙斯在此化为鹰。又说就是宙斯出生的克里特岛。

的上述传统的叙事。真正的宙斯并不像克里特人传说的那样出生于克里特岛。"他们甚至为你修建了坟墓！啊，神王！不，你永远不会死，你永远活着！"

"不死"，在人类和诸神之间划出一条严格的界限。在希腊人眼中，神的这个特点太重要了，以至奥林匹斯王不能以任何一种方式与那些东方生生死死的神中的任何一个等同起来。宙斯的名字归属印欧宗教体系的框架，这个框架，在两千多年的时光流逝中，被那些操着一种希腊方言、随着连续不断的浪潮来到希腊大地定居的人看作已经支离破碎，而这些人从公元前15世纪在克里特岛、克诺索斯的存在已经得到证明。接触、交流、融合频繁不断。借鉴是在爱琴与朱诺斯宗教的背景下完成的，这就像希腊由此在向地中海扩张过程中导致东方和特拉斯－弗里吉亚（Thraco-phrygien）[1]的崇拜。在公元前14世纪和前12世纪之间，亚该亚人[2]尊崇的大部分神的名字出现在克诺索斯和皮洛斯[3]的记事簿上——都是人们可在古代希腊先贤群中找到的神，古希腊人在总体上把这些神视为自己的神：宙斯、波塞冬、埃尼亚琉斯（阿瑞斯）、

---

[1] 特拉斯－弗里吉亚：古代小亚细亚中西部，公元前6世纪被波斯所灭。
[2] 亚该亚人：最早定居于希腊的民族。
[3] 皮洛斯：希腊神话中阿喀琉斯和得伊达弥亚的儿子。阿喀琉斯死后，他继续参加对特洛伊战争，所向无敌，后被俄瑞斯特斯杀死。

皮阿翁（阿波罗）、狄俄尼索斯、赫拉、雅典娜、阿尔忒弥斯①两女神得墨忒耳②和克瑞斯③。希腊的印欧入侵者的宗教世界完全能够向着外来影响变化和开放，并在与之融合的过程中，以自己的神及其特殊性保留自身的特性。从迈锡尼宗教到荷马时代的宗教，在公元前12世纪以后随着亚该亚王国的失败或没落而来的那些黑暗世纪中，延续性并不仅仅以诸神之名和崇拜的地点为标志。爱奥尼亚人在地中海这个或那个岸边庆祝某些节日的社群证明：在第一次殖民化浪潮开始时，这些节日在公元前11世纪就已经存在，而从未改变的迈锡尼唯一圣地雅典就是这浪潮的起点，它在小亚细亚沿海地区安置了要建立希腊城邦的迁徙部落。

然而，这种持久不应使人产生错觉。荷马史诗中的世界并不是迈锡尼诸王的世界，行吟诗人在四个世纪后要歌颂迈锡尼诸王的辉煌功绩。与之相比，荷马时代的宗教世界并不甚之于荷马史诗中的世界，它不属于那已逝年代的世界。互相变化和更新的全部系统在表面的连续后面已经导致一种真正的断裂，史诗的记载把这种断裂抹掉，而考古学研究在阅读迈锡尼石板记事之后使我们能够估量这种断裂的范围。

---

① 阿尔忒弥斯：希腊神话中的月亮和狩猎女神。
② 得墨忒耳：希腊神话中的谷物女神，克洛诺斯和瑞亚之女。
③ 克瑞斯：罗马神话中的谷物女神，即希腊神话中的得墨忒耳。

公民宗教

公元前9世纪和前8世纪之间是技术、经济、人口剧烈变化的时期，这些变化导致英国考古学家索德格拉斯（A. Shodgrass）所谓的"结构的革命"，城邦－国家即由之而来。宗教体系本身重新深入地组织起来，与城邦代表的社会生活的各种形式密切相关。在因此而基本上成为公民宗教的范围内，改变了模式的信仰和崇拜满足了双重的补充要求。它们首先适应了每个人类群体的特殊性，这种群体作为与某一特定疆土相关的特殊性置身于它固有的、并赋之以特殊宗教形态的神的管辖之下。每个城市事实上都有一个或几个自己的督神，其职能是把公民们紧密团结为一体以形成名副其实的社群，并把整个城市空间总体与市中心、市郊区联成一体，最后针对其他城邦监护国家的统一——人和疆土的统一。其次，通过被地方根源割裂的史诗文学的发展，通过共同的重要神庙的建立和体育竞赛与泛希腊化颂歌的出现，还要在传说传统的宗教范围内建立或加强节日的循环和整个希腊都承认的先贤群。

即使不能确定古代时期带来的宗教更新的计划，至少必须指出那些最重要的。首先，出现了不附属于人的住宅、王宫或可称作特殊房屋的建筑——神庙。由于神庙带有划定一块圣地的城墙和外部的祭坛，就构成了与世俗空间相隔的建筑。神通过在庙中留下来的巨大人形祭拜神像的终结来此永驻。这"神之家"与家中的祭台和私人灵堂相反，是属于公众的，为所有公民共有。神庙是为神而建的，所以它不再属于任何人，而只属于在特定地点建立神庙的城邦，以标志和确定城邦对一块土地的合法统治：在市中心，雅典围城或广场；在圈定城市居民点的城门周边地区，在把每个希腊城邦与邻国分离开的荒原和边界地区。城市——近似城市或超城市——的神庙网络通过联系诸块圣地的空间而建立，并确定从中心直至周边祭祀仪式的路线，在特定日期反复动员全部或部分居民，这些特意在依照宗教指令塑造大地。通过这些神各自在神庙中的都城神的中介，社群在人和土地之间建立了某种共生（symbiose），就像公民们在同一块土地的儿女，他们出生于这块土地，是本地人，由于与居住在这块土地上的人们关系密切，这块土地本身就跃升到"城邦之地"的行列。这也就可解释在公元前8世纪到前6世纪之间，为了占领有时是两国共有的边界祭拜圣地，邻国之间的冲突为什么会那么激烈。占领祭坛，在祭祀上对于城市中心的文化归属具有合法占有的意义。当城邦建立自己的神庙时，为了保证国土根基坚不可摧，城邦把它的根一直扎到神的世界之中。

诸神和英雄

另外一个具有类似意义的特点鲜明地标志着宗教体系。在公元前8世纪，重新使用几个世纪以来废弃不用的建筑——最多的是墓葬建筑——的现象变得司空见惯。这些建筑经过重新整理成为缅怀传说人物的祭拜之地。在多数情况下，这些人物与这些建筑本身无关，但却是追溯家谱和所谓显赫出身或胞族根源所要依仗的。这些神秘的祖先，就像在史诗中以他们的名字出现的英雄们一样，属于一个遥远的过去，属于一个与现在迥然不同的时代，他们从此构成了一种既与theoi，即纯粹意义上的神有别，又与平常的死者不同的超自然的神的范畴。再者，对诸神——即使是督城之神——

的崇拜就是英雄崇拜，同时具有公民的和领土的意义。这种崇拜在一确定地点——即死者在地下生存的陵墓，有时地下埋的是人们从很远的地方找到的死者的遗物。陵墓和英雄祭拜地凭借受尊崇的人物的威望，是一个社群的光荣象征和护身符。有时，地点是秘而不宣的，因为国家的安全取决于它的保护者。这些陵墓建在市中心、政治集会广场，使得有关城邦传奇缔造者的回忆更加鲜明。城邦缔造者往往是古代扩张时期的英雄，或者曾统治过不同的部落、胞族和城镇。这些陵墓分散在领土的各个不同的点上，提供了联结乡镇和村庄成员的特殊亲缘关系。它们在任何情况下的职责都是在某一崇拜周围聚集起一个群体。它们各自也具有每一种崇拜的排他性，并且准确地在大地上的某一点上扎下根。

英雄崇拜的普及并不仅仅适应随着城邦而出现的新的社会需要。对英雄的热爱具有一种纯粹的宗教意义。通过一方面是所有人都必须遵从的神崇拜，另一方面是专为亲缘关系和在有限时间范围内举行的祭祀仪式这双重的差异，英雄的确立震撼了祭拜体系的平衡。希腊人认为，在享受崇拜的诸神和作为诸神仆从的人之间存在着根本的对立。前者与规定后者存在条件的死亡相异。诸神是不死者（athanatoi），人则是注定要生病、衰老和死亡的必死者。这样，为亡者（trepasses）举行的祭祀礼拜作为诸神的荣誉和专享的特权，属于诸神要求的牺牲和虔敬之外的领域。装饰陵墓的祭带，祭奠死者的点心，浇祭用的水、牛奶、蜂蜜或葡萄酒都应该在葬礼后的第三、第九、第三十天后以及之后的每年9月的祭祖节（Genesia）时重新换过。但这些祭品比对上天诸神的尊崇更像葬礼仪式和悼念活动的时间延长：在打开哈得斯的大门时，关键是要让死者在他不再有地位的此世中永远消失。然而，多亏有各种追念的手段（从刻有墓志铭和死者形象的石碑到祭献在墓前的点心），这种空白，这已不在世的死者能够成为对后生者在场的形式。诚然，这是一种模糊、荒悖的在场，就像一个被降至影子王国的不在场者那样，这种在场的全部存在都从此归结于祭礼是死者获得的社会地位，并且随着人类的更新换代，最后注定也要因遗忘而消失。

半　神

　　而英雄的情况则完全不同。英雄确实属于人类，并因此经受过痛苦和死亡。但他们却以自己一系列的特点与普通亡者群区别开来——甚至在死亡中。他们经历了早已逝去的希腊人所谓的"古代"。在那个时代生活的人与今天的人大不相同：那时的人比今人更加高大、强壮、英俊。当人们研究一个英雄的骨骸时，就可能知道他生前的巨高身材。人类的这一族现在已经灭绝，那就是史诗中颂扬其丰功伟绩的那一族。英雄们的名字，由于行吟诗人们的咏唱而大大不同于长眠于地下、混在大量被遗忘的"无名"死者中的其他死者的名字。在所有希腊人的头脑中，英雄的名字永远是鲜活的，永远是辉煌的。英雄族构成了城邦希腊的传奇过去，也就是希腊人的家庭、部落和社群所依附的种种根源。这些完全是人的先祖，在很多方面更接近于神，比现时的人与神的隔绝要少一些。在过去时代，诸神还很愿意与人相处。他们径自来到人的家中，与人同桌用餐，甚至溜到人的床上与人结合，并且由于必死的和不朽的这两族的交融而生育出美丽、健康的后代。留名后世并在陵墓受到后人崇拜的英雄人物，他们经常表现为神性和人性在两性中交融的果实。正如赫西俄德所说，这些英雄人物组成了"人们称之为半神的英雄神族"。如果他们的出生把他们与一支半神亲属系联系起来，那他们的死亡则把他们置于人类命运之外。他们没有下到哈得斯的冥界，而是凭借神性被"超升"、"运送"——有些是在生前、而大部分则在死后——到一个特殊的、彼处的极乐世界。在这个世界里，他们继续享有持久不断的祝圣，欢度堪与诸神相媲美的生活。

英雄的身份并不消除分隔人与神的距离，而且似乎就此打开从必死者升至若不是神性、至少也是接近神性的身份。但这种可能性在整个古代时期始终只限于很狭窄的领域。这种可能性受到宗教体系本身的阻碍——我避免用拒斥这个词。虔诚和智慧一样，实际上是决心不追求与一个神等同。德尔斐神谕告诫："知道你是谁"，"自己认识自己"，并没有其他意义。人应该接受自身的局限。于是，英雄则超出诸如传说中的伟人阿喀琉斯（Achille）[①]、忒修斯（Thesee）[②]、俄瑞斯忒斯（Oreste）[③]或赫拉克勒斯（Herades）[④]等而局限于殖民地的创立者或在城邦看来具有典型象征意义的人物们。比如萨摩斯岛（Samos）的吕山得（Lysandre）[⑤]，锡拉库萨岛（Syracuse）的提摩太（Timoleon）[⑥]。古典时期的英雄人物化的情况我们知之甚少。那些情况从来没有涉及一个仍然健在的人物，而讲的是死后拥有惊天动地神力的死者，或者因为身体具有超常的特征：身材、力量、俊美；或者因为他的死亡是被雷电击中所致还是消失得无影无踪的情况；或者因为看起来应该平息的归咎于他的幽灵的种种坏事。唯一的例证：在公元前5世纪，达斯梯巴雷的克雷奥墨德力大非凡，在角斗中杀死对手，他对裁判判决的结果不满，回家后气得昏了过去。在一所学校里，他击打支撑天花板的立柱，屋顶于是坍塌，压在孩子们身上。他的身后总有人成群结队地围攻、抨击他，他就藏身于雅典娜神庙中的一个箱子里，把箱盖盖上。人们最

[①] 阿喀琉斯：希腊英雄。
[②] 忒修斯：希腊英雄，被视为雅典国奠基人。
[③] 俄瑞斯忒斯：希腊英雄，杀母为父报仇。
[④] 赫拉克勒斯：希腊英雄，宙斯之子，神勇无敌。
[⑤] 吕山得：古代斯巴达王，古希腊军事家。
[⑥] 提摩太：《圣经》中使徒保罗的门徒。

终把箱子撬开了：箱子竟是空的！克雷奥墨德不见了！生不见人，死不见尸。被求问的皮提亚（la Pythie）①要人们向这位拳击手致敬，因为他的力量、狂烈、恶行及死亡都是异乎寻常的。她要求人们树立英雄崇拜："必须祭拜他，但不把他视作一位死者。"但是，保萨尼亚斯传达的神谕同时宣称克雷奥墨德是"最后一位英雄"，这显示了神谕的保留态度。

  人们不应弄错。英雄们凭着他们得到的荣誉继续一种超人类的存在范畴，他们的作用、权力是徒劳的，他们涉入的领域与诸神的领域各不相干。他们置身于另一范围内，而且无论在天上还是在地下，他们从不充当中介的角色。英雄们并不做说情者的样子。与地点相系的"土生土长"的诸神在地下也有自己的住所。他们的效用紧紧附着于他们的坟墓和骸骨。有一些无名英雄，人们只是用他们坟墓所在地之名来称呼他们。比如，马拉松的英雄们就是这样。这地方特点伴随着严格的规定。很多英雄除了他们应该行使的有限的、规定他们全体的职能之外，没有留下任何其他具体事实。在奥林匹克竞技场的弯道处，建有一处坟墓，竞技者们来此处进行祭献活动：这是泰拉克波斯（Taraxppos）的墓，他是马的克星。人们同样还会遇到医生、看门人、厨师，担当避蝇

---

① 皮提亚：希腊德尔斐城的阿波罗神殿的女祭司。

罩、司厨、机遇、红花角色、把水和酒混在一起或磨碎谷粒的英雄。

如果说城邦能够在同一类祭祀群体中组织起过去英雄们的完全个体化的形象，史诗已经确定了这些英雄的传奇生平、他们的特殊的同代人，只留下了墓碑的无名死者、行使各种职能的精灵，那是因为在坟墓中，他们同样与地下诸神来往，并且有同样的地方特性，也同样能够被用作政治象征。英雄崇拜是由强盛的城邦树立的，与城邦护卫的领土管辖的公民团体息息相关。在泛希腊化时期，英雄崇拜不会与人物的神化，也不会与王权崇拜的建立合流：这些现象源于一种完全不同的宗教观念。英雄崇拜和城邦休戚相关，因此二者同时走向衰亡。

不过，英雄崇拜却并非没有留下影响，它以其新颖之处导致了对各种超自然权力的更加准确的命名和归化。赫西俄德在公元前7世纪，如普鲁塔克[①]（Plutarque）后来指出的那样，首先区分了分散在四种类别中的神的存在等级：神、魔、英雄、死者。毕达哥拉斯派和柏拉图重新提起的人类尊崇的神的这种分类在公元前4世纪就相当普遍，以便向多多那神谕求助的祈求者显灵。现在可查到的某种记载中，人们

---

① 普鲁塔克（约公元40-120年）：希腊作家，道德论者，新柏拉图主义代表。著有《希腊罗马名人传》等。

可知道有位名叫俄奥德罗斯（Euaudros，赫耳墨斯的别号）的人与其妻就曾经向神谕求问他们应该向什么神或什么英雄或什么魔怪祭奉和祈求。

从人到神——祭献

为了确定祭祀活动的方向，信徒应该分析主宰彼世社会的等级次序。诸神不论大小都在顶尖处组成了不朽真福者一族。在宙斯权力下聚集着奥林匹斯诸神。原则上讲，这都是些天神，即便其中有一些有像波塞冬和得墨忒耳那样具有冥界之神的面貌。确实有一个地下神哈得斯，但他恰恰是唯一既无神庙又无崇拜的神。诸神在属于他们的空间中的彼世显身：首先是他们寓居的神庙，但还有奉献给他们的地方和物品，这些地方和物品被列为祭品，可能成为禁物：木头、小树林、泉水、山峰、围墙或边界线划分的土地、十字路口、树、石头、方尖碑。神庙是神专用的住所，并不是虔诚者们聚集举行祭祀活动的崇拜之地。而神庙外部的祭台，一个石头砌就的四方体建筑担当了这项职能：希腊宗教的重要仪式就是在这祭台周围和祭台上面进行的，而对希腊宗教的分析针对的最重要的东西也就是这牺牲的仪式。仪式中通常用的是作为食物的带血的牺牲：一头戴有饰物、花冠、缠着带子的家畜，在笛子伴奏的乐声中被带到祭台，有人在它的身上浇洒净水，有人则在它的身上和地上撒大麦粒，这些人头上也戴着花圈。牺牲的头被抬了起来，有人用藏在篮子中的麦粒下面的匕首刺向它的咽喉。血一下子喷射到祭台，被接到一个容器里。然后，牲口被开膛，人们掏出它的内脏，特别是肝脏进行观察，想知道诸神是否接受了牺牲。在这种情况下，牺牲马上就被解肢。长的骨骼完全裸露出来，被摆在祭台上。而骨头带着肥油被香料燃烧的火苗慢慢熔化，化作香雾升入高空，向诸神飘去。有些内骨被穿在烤肉扦上，放在祭台的烤架上烧烤，架下就是把牺牲送往诸神那里去所用的火。那送去的部分还会回来，这样就使祭祀指向的神圣权力和专为祭祀准备的烤架上的肉块之间的沟通。剩余的肉被放在锅里煮，然后被分切为相等的肉块，有时当场被吃掉，有时被参加仪式的人各自带回家，有时则在多少更大的社群范围内分配给外面的人。舌头和皮是最贵重的部分，最后归主持仪式的祭司，而祭司并非总是必不可少的。从原则上讲，每个没有污迹的公民都完全有资格参加祭礼。这就是通常的模式，应该从中归纳出理论内涵以确定它的宗教意义。但是，一开始就有必要进行几点说明以使上述概括更细致。

某些神和某些诸如德尔斐的阿波罗、阿提卡的宙斯等神的祭礼并不要求带血的牺牲,而要求植物祭品:水果、树枝、谷粒、稀糊、点心、净水、牛奶、蜂蜜、油,排除了血甚至葡萄酒。有时,这些最经常被放入火中烧尽的祭品,却只放在祭台上并不烧,具有与通常祭祀活动相反的特点。这些被视作"纯粹"祭品的东西,与那些致使活物死亡的祭品相反,它们可作为不同教派的参照模式。俄耳甫斯神秘教理派和毕达哥拉斯派依靠自己的声誉在自己的生活方式中宣扬一种行为规范和对神的立场。因为抛弃了不洁的带血的牺牲祭品,这种行为和立场摆脱了官方崇拜,而且显得与公民宗教迥然相异。

另一方面,带血牺牲本身根据祭献对象——天神、奥林匹斯神或是地狱之神、恶神——的不同而具有两种不同形式。其实在语言上已经对之做了区别。希腊人对前者用的是thuein,而对后者则用enagizein或sphattein。

我们已经知道,祭祀仪式是以高立的祭台为中心的。祭地下之神则不在祭台,或者在一个低些的祭台,这祭台上有一个让血流入地下的洞。人们通常是在夜里,在向地狱世界开启通路的沟上祭拜牺牲。被宰杀的牲口,头不再向天空高耸,而朝向被血浸淫的土地。一旦被杀,牺牲就不再接受任何祭祀仪式的控制:作为燔祭的献品,参加祭祀的人没有得到允许是不能碰的，尤其不能吃。在这种仪式中，祭品在最后要被消灭以完全献身于彼世。这里重要的不是以相互信任与神性建立相互的经常交往，而是避开不祥之兆，使可怕的力神平静，接近他必须严加防卫，谨慎小心才可避害。可以说，这是憎恶的仪式，而不是靠近、接触的仪式。人们懂得，从根本上讲，仪式是专门为地下诸神、恶魔崇拜，是为着赎罪祭祀，为着祭献给坟墓深处的英雄、死者的牺牲而进行的。

节日大餐

在奥林匹斯诸神的祭礼中，趋于天神的方向并不仅仅以白天的阳光、祭坛的存在、屠宰时向上喷溅的鲜血为标志。这种意识的一个重要特点就是祭品之于神，节日大餐之于人都不可分离。如果说，行动的高峰无疑会瞬间而过，是被祭拜的喊声中断——在呼喊中生命离开牺牲奔向彼世，到诸神那里去——被小心收集和对待的牺牲的所有部分都是为要一起享受美食的人们准备的。分宰牺牲是在吉祥欢乐的气氛中进行的。整个仪式的演示，从没有羁绊的牲口在其中顺势随意而行的壮观礼仪行列到篮子里藏着的屠刀和被洒上了净水的牺牲表示服从宰割的战栗，这一切都意在消除暴力和屠杀的印迹以首先呈现和平庄严和幸福节日的面貌。还应补充的是，在thusia的范围内，切割牺牲、烧、烤、烹煮、平分肉块，在原地或别处吃肉，这些的重要性并不低于杀死牲口的过程的重要性。仪式过程中的这种吃的功能表现在不区分牺牲和肉店的词汇中。hiereion这个词指作为牺牲的动物，同时也指肉店里专供食用的牲口。希腊人只在祭祀时并且只在合乎祭规的情况下才吃肉。thusia这个词还是宗教礼节——在此礼节中，通常会伴有祈告的祭生是献给诸神的——和按照诸神要求人类的饮食规范而仪式化的烹调，同时还是一种社会团体活动，这种活动通过分食同一牺牲，加强联合起公民的关系并使之成为平等。

祭祀是崇拜的中心环节，是在家庭或国家中的所有层次上的集体生活必不可少的一部分。祭祀说明了在城邦希腊中宗教和社会的紧密联系。祭祀的功能并不是让祭献者和参加仪式者脱离他们的家庭、国家的团体，脱离日常活动和他们自己的人的世界。恰恰相反，祭祀是要把他们安置在各自合适的位置上和所需要的形式之中，使他们依照诸神主宰的世界秩序与人间的存在融合。这是马克斯·韦伯所说的"世间的"（intramondaine）宗教，按希腊文词义是"政治"宗教。神圣和世俗在此并不构成两个截然相反、互相排斥的范畴。在完全禁忌的神圣和极为可用的神圣之间，人们看到了多种多样的形式和等级。即使在那些奉献给一个神并专为他所用的实物之外，在诸种物件中，在活生生的存在中，在各种自然现象中都有神圣的东西存在，就像在个人生活中的日常行为——一顿饭，一次外出旅行，接待一位客人——和公众生活最庄严的活动中都存在着神圣那样。每一个家庭之父都在家里行使宗教职能，但他无须什么特殊的准备就可以胜任这种职能。每个家庭之主若没有犯过玷污自己的过错，就可说是纯洁的。从这个意义上讲，纯洁不是既得的，也不是获取到的，纯洁构成了公民的正常状态。在城邦中，人们看不到司铎和行政长官的职位之间有什么截然对立。有一些司铎职位被转化或被行政官员职位所占据，而任何行政官员，在行使职能时都带有一种神圣的特性。任何权力为了实施，任何共同决定为了有效，都要求一种祭祀活动。在战争中和在和平时期中一样，在投入战斗之前举行祭祀仪式，这就像公民议会召开或行政官员就职一样，其必要性决不次于神历上的重要宗教节庆过程中的祭祀。M. 德田（M. Detienne）在《希腊国家的祭祀厨房》中指出："直到很久以后，雅典这样的城市还保留着执政－王的职位，这个执政王的重大贡献之一就是对人们确定的一切祭祀、对整个礼仪活动严加管理，这些祭祀与活动保证社会运转的协调。"

如果说祭祀因此对保证社会实践的有效性必不可少，那是因为，祭献牺牲之火使脂肪和骨骸化作香烟升入天空，并且为人烹煮分给他的那部分肉，在这个过程中，火打开了诸神和参加祭祀仪式的人之间的沟通之路。在按照祭祀仪式规则宰杀牺牲，烧烤牺牲的骨头并食用其肉时，希腊人建立并维持了与神的一种接触，没有这种接触，委身于神的希腊人的生存就会崩溃，丧失意义。这种接触不是一种圣餐：人并不为着与神同一、分享神的威力而去吃神，即使是以象征形式。人食用的是动物牺牲，是一头家畜，而且人吃的肉不是祭献该神的那部分。希腊祭祀建立的联系强调并肯定在同一沟通中，极限距离把要死的人与不朽者分离开来。

普罗米修斯的狡黠

各种有关祭祀事实的神话在这方面完全是明确的。这些神话清楚地说明祭祀仪式的神学意义。提坦普罗米修斯①是伊阿珀托斯②的儿子,可能是他组织了首次祭祀,因而确定了永久的适合人类尊崇诸神的模式。事情发生时诸神与人类尚未分离:他们共同生活,同桌欢宴,分享同一敬贺,远离一切罪恶。人类不知道劳动的必要,不知道疾病、衰老、劳累、死亡和女人。当宙斯在升为天王并且在诸神中重新指定

---

① 普罗米修斯:希腊神话中造福于人类的神,因从天上窃火给人类而触怒宙斯。
② 伊阿珀托斯:希腊神话中提坦巨人之一,乌拉诺斯和该亚的儿子,他和克吕墨涅生普罗米修斯。

他们的等级和职能时,那就到了也要在人与神之间进行重新划分、准确划定两族各自固有的生活类型的时候了。普罗米修斯负责执行。他当着聚集在一起的人和神带来一头壮牛,制服它后把它宰割。他把所有切割下来的肉块分成两份。把神与人分开的界线,于是沿循把祭牲中分给神那边和分回到人那边的部分分开的划分线。因此祭祀在初次进行时,表现的是划分神与人的身份的活动。但是,普罗米修斯违抗众神之王,要欺骗神王而造福于人类。提坦准备的两部分中的每一部分都是一个诡计,一个陷阱。第一部分:在少许香气袭人的油脂的伪装下面,其实只有光裸的骨头;另一部分:在皮和胃的下面隐藏的是在驯兽中的一切令人作呕的东西。给主神以无上荣誉:宙斯以诸神的名义应最先进行选择。他明白这是陷阱,如果他装作跌倒,那是为着更好地实施复仇计划。宙斯于是选择了表面看来可引起食欲的那一份,实际上就是薄薄一层油脂下的不能食用的骨头。这就是人们在散发着浓重气味的祭台上为神焚烧牺牲的白骨——而他们要分食其肉——的原因。他们为自己留下的是宙斯没有得到的那一份:肉的部分。普罗米修斯原先要把这部分分给人类,而且留的是最好的那部分。尽管他那么狡黠,他也没有怀疑他给人类奉献的是有毒的礼物。人类食用了肉,这就意味着死亡的中止。受肚子规律的制约,人类的行为从此就和所有在地球上繁衍的动物、河流或空气一样了。他们乐于吞吃已失去生命的牲口的肉,对食物有一种特殊的需求,这是因为他们永远难以平息总在增长的饥饿感,这标志着一种造物,这种造物的力量会逐渐衰竭、耗尽、衰老和死亡。诸神满足于骨头的气味与烟雾,靠气味与香料为生,这说明他属于其本质与人类完全相异的种族。他们是不死者,永远活着,永远年轻。他们的存在不包含任何可变为腐朽的东西,与易变质的领域没有任何关联。

但是,愤怒的宙斯的报复并不止于此。就是在用土和水制造的第一个女人潘多拉——她把人从未见过的一切灾难带到人间:通过生育繁衍、劳累、苦役、疾病、衰老和死亡——之前,宙斯就决定,不再给予他们享用天火的快乐。难道没有了火,人就不得不像动物那样食用生肉吗?普罗米修斯于是利用严控之下的空隙偷窃到火星,并把火种带到地球上。因为没有霹雳闪电,人使用的是比较微弱、易灭而且必须保存、护养的专门火种,只有不断地养护它才不会熄灭。这来自天火但又比天火低一级的人工之火,在烹煮食物的过程中区分了人与动物并使人进入文明生活。人由于在所有的动物中是特殊的,所以可以与神共同拥有使用火的权利。因此,把人与神联系在一起的火在祭坛上被点燃,一直冲向高高的天空。这火,它源于上天又返回上天。而它贪馋的热情，则使它像其他受吃的必然规律制约的生物一样会趋向死亡。神和人的界限完全被连接二者的祭祀之火穿越，这使宙斯掌握的天火和普罗米修斯为人窃来的火之间的对比更加鲜明。祭祀之火的另一功能在于区别在牺牲中被神耗尽的部分与人为避免生食而煮熟的部分。在食物祭祀中人与神之间的这种模糊关系被同样模糊的人与动物的关系代替。任何动物都需要吃而维持生活，不论食物是素还是肉。人和动物都会死的。但，在为尊崇诸神而祭献带骨的牺牲之后，人是唯一吃熟食的。如果大麦粒撒在牺牲的头上，并与带血的牺牲紧密结合，那是因为粮食这特别属于人的食物意味着农业劳动，在希腊人眼中代表着农种植物的模式，相对野蛮存在而言，这种模式象征着文明生活。麦粒历经三次熟化（农耕促进的内部"熟化"，阳光作用下的"熟化"，以及人工下把麦粒做成面包的"熟化"），变得像祭祀用的牺牲，也就是食用前要按规矩烤、煮熟的牲口。

在普罗米修斯的神话中，牺牲就像在人与神应该分离并确定各自命运的时刻提坦对于宙斯的反抗。叙事的道德就是：人不能欺骗诸神之王的精神。普罗米修斯对此进行试验，他的失败使人们不得不付出代价。祭祀，就是对提坦这祭礼创建者的奇遇的纪念，就是接受他的教训。这也就是承认，通过祭祀以及祭祀为人所带来的一切：普罗米修斯之火，劳动的必要性，生育孩子的女人和婚姻，痛苦，衰老和死亡，宙斯把人置于应该坚持的地方：祭牲与诸神之间。在祭祀中，人服从的是宙斯的意愿，宙斯制造了要死者和不朽者这两个各不相同又彼此隔绝的种族。与神的沟通是在节庆、提醒人们旧的共餐已结束的宴会过程中建立的：神与人不再共同生活，不再同桌吃饭。人们不能一面按普罗米修斯确立的模式祭祀，同时又以随便什么方式与诸神平等。在意于把神与人联结起来的仪式中，祭祀给出的是由此把二者分离的不可逾越的距离。

牲畜与诸神之间

凭借饮食规则的实行，人被确立在他固有的地位之上：与相互生啖其肉的牲畜的兽性保持距离，又与从不知饥饿、劳累和死亡的诸神——因为他们靠香料和神专用的食物为生——的永恒极乐有距离。对明确划界和准确分配的关注在仪式和神话中把祭祀和谷物农业、婚姻紧密联系起来，后二者与祭祀共同规定了文明人的特殊地位。同样，为了生存，人必须食用根据习规宰杀并煮熟的家畜，还应食用日常种植的被弄熟的麦面。为了自身的延续，还必须通过与一个女人结合生下儿子，婚姻把女人从野蛮状态中脱离出来，把她留在夫妻家园以对之驯化。在希腊祭祀中，处于同样的平衡要求，祭献者、牺牲、神通常都完全不会互相混淆，而是保持不近不远的相当距离。这种强有力的神学与一种社会体系结为一体，以在人与非人因素之间建立起屏障，规定它与人的此世和彼世的关系。这种神学的记录应相近于饮食方法的记录，它解释说：一方面在俄耳甫斯神秘教派和毕达哥拉斯派那里，另一方面在某些狄俄尼索斯派的活动中，制度的种种怪异现象具有某种纯粹神学意义并且表现了在宗教方向上的深刻分析。取消肉类食物的素食主义，就是拒绝同化于邻者屠杀的带血的祭牲。另一极端是吃生肉，比如酒神巴克科斯（又称狄俄尼索斯）的女祭司巴克坎忒斯（Bacchantes），她生吃一头被生擒和活撕的牲畜。这是祭祀通常价值的倒错。但是人们应该像诸神一样在高处以完全纯洁的或严格说来是作为气味的菜肴为生，或通过消除人与牲畜的界限，超越祭祀建立的一切区别，在低处颠覆祭祀实现一种完全一致的状态，人们不能说出这种状态是回到黄金时代所有造物之间的温暖亲情，还是在原始状态的混沌之中的堕落——在这两种情况下，关键是需要或通过个体的苦行或通过集体的狂迷，建立与神的关系类型，而官方宗祀各种手段对之加以排斥和禁止。在这两种情况下，凭借彼此相关的方法和互相对立的内容，祭献者、牺牲和升华的正常距离被打乱，变得模糊继而又消失。对祭祀烹调的分析，于是导致人们像在图画中标示各种教派、宗教流派或哲学态度所占据的多少有些偏离中心、多少有些融合或边缘的位置，这不但与崇拜的日常形式，也与城邦机构框架，以及当人从社会、宗教角度归于这种框架时，所有包容人的身份的东西发生决裂。

希腊神秘主义

血的祭祀，即公民崇拜并没有占据希腊信仰的全部领域。与这二者共存的还有多少是偏斜的、边缘的，多少有些封闭和秘密的、反映不同宗教愿望的流派和组织。其中有一些全部或部分地归化于公民崇拜，另外一些却始终与之格格不入。但所有这些流派和组织都以不同的方式致力于开辟一条通向希腊"神秘主义"的道路，这种神秘主义的特点是追求与诸神更直接、更紧密、更私密的接触。有时通往神秘主义之路与对真福不朽的追求结合在一起，时而是在死后受到一位神的特别垂青而被赐福，时而是通过遵守被授秘义者的纯洁生活准则而获得，而且，这些人能够从生到尘世之时起就获得那样一小块地盘，即，神在他们每人身上得以体现。

谈到古典时代，就必须清楚地在这个领域中区分三种宗教现象。尽管存在某些难以清楚勾画的相同点，而这些点被某些用之于它们的词所证明：telete，orgia，mustai，bakchoi，人们绝对不能视它们为同一。它们不是同一范围内的宗教现实：既没有同样的形态，也没有同样的目的性。

首先是秘传教义。即伊流欣努秘仪，因其威望和流传而被视为典范，在古希腊形成了非常严格的秘祭团体。由于得到城邦的承认，这些秘仪在城邦的管辖和监护下组织进行。然而，这些秘仪始终处在国家的边缘，这是因为它们具有传授奥义和神秘的特性，因为它们的选择方式向所有希腊人开放，并且这种方式不是立足于社会地位，而是立足于诸个体的个人选择。

其次是狄俄尼索斯主义。狄俄尼索斯崇拜属于公民宗教，而且为狄俄尼索斯祝圣的各种节日是以与在宗教历法中占据同等位置的节日的相同名义被庆祝的。但是，作为疯迷（mania）之神，神的疯迷，狄俄尼索斯凭借对那些在集体附魔中趋身于他的信徒们的占有，通过在神降启示形式下突然潜入尘世，而在他所属的宗教核心中引进了一种超自然的经验，这种经验与官方崇拜并不相同，甚至在许多方面是对立的。

最后是所谓的俄耳甫斯主义。在此，不再涉及特殊的崇拜，也不涉及对特殊神的笃信，以致以毕达哥拉斯方式组织成教派的信仰团体，无论两个流派之间的相互影响可能是什么。俄耳甫斯宗教是一团迷云，人们在其中一方面看到有关俄耳甫斯和缪斯的圣书传统,包括神谱,宇宙起源论和"异端"的人类起源论;另一方面,则可看到游巡教士人物,他们鼓吹与常规相反的存在类型、一种素食制度并使用保健技术和为这种生活的净化的菜肴,他们还鼓吹为了他人的救赎。死后灵魂的命运在这些范围内受到关注和评说,希腊人对此是不习惯的。

相对于以尊重条律、也就是城邦从社会角度承认的规则为基础的祭祀体系,上述三种宗教现象应该如何定位呢?

伊流欣努秘仪

无论对信仰还是对实践而言，秘传教义与公民宗教都不是背道而驰的。秘传教义补充了专为满足公民宗教与之并不相应的需求的新维度，以此完善公民宗教。两位女神和几位四品修士一起主持伊流欣努教派，得墨忒耳和克瑞斯-珀耳塞福涅是先贤群中的重要形象，而哈得斯劫持克瑞斯的故事及其各种结局，直至俄耳古[①]和伊流欣努秘仪的建立，这一切都构成了希腊传说中的共同背景。为达到秘传仪式的最后界桩，候选人应通过一系列阶段：从印度亚格拉的《小奥义

---

① 俄耳古（Orgia）：希腊为某些神（如得墨忒耳，狄俄尼索斯）举行的秘密宗教仪式，多于夜间在深山和密林中举行。现代西语中俄耳古为"狂欢宴会"。

书》的秘仪实习到《大奥义书》秘仪的重新实践，得秘传者应该等待来年以得到辉煌成功。为大海的浴祭在雅典本地、法勒隆（Falere）的整个祭礼是在雅典到伊流欣努的行程中举行的。在祭物的后面，跟随着由伊流欣努祭司、雅典法官、得秘传者、外国团体和观光者组成的浩荡队伍。这队伍在光天化日之下、在众目睽睽之下行进。执政王以国家的名义主持大秘仪，甚至主持与两位女神紧密相联的欧摩尔波斯（Eumolpides）和凯路克（Kerukes）传统家族的公众祭典礼仪，他对有权以教谕制定祭典规范细节的城邦负责。

只有当受秘传者到达广场，进入祭坛深处才能得到天机不可向外泄露的秘传教义。这种保密规定相当严厉，所以在几个世纪中被严格遵守。但是，如果秘传教义得以密不外泄，今天人们还是能够把握几点确认的事实。在伊流欣努，没有过任何教义，没有任何类似于秘传理论的东西。亚里士多德对这个问题的论证具有决定意义："被授以秘义的人不应该学习什么，而是应该体验激情并且接受某些支配。"普鲁塔克从他的角度论说了被授教义者从焦虑过渡到愉悦的精神状态。这内心的情感动荡是通过被表演和模仿之物（dromena）、被说出来的礼仪格言（legomena）以及被指示和展出的东西。人们可以设定这些都与得墨忒耳的狂激、克瑞忒坠入地狱、与哈得斯冥界中的死者命运有关联。可以肯定，在秘密祭礼结束时，即最后的启蒙之后，虔诚者感到了自己内心发生了变化。从此，通过与女神们更为紧密、也更默契、亲密的个人关系，他于是就成为选民，被保证在此生和来世都能拥有异乎寻常的命运。得墨忒耳的颂歌肯定说："真福者都曾经亲眼观看过这些秘密祭礼。未得秘传者、不敬神者死后在地狱中的生活就不会有类似的命运。"秘密祭礼并没有显示一种灵魂的新观念，也没有与传统的冥界形象决裂，而是展开了在地下继续一种更幸福的生活前景。而这种特权立足于个体的自由选择，即决心接受秘密祭礼而且参加整个祭礼过程，祭礼的每一阶段都标志着宗教纯粹状态的一次新的进步。但是，回到家里，从事各种日常活动——职业的、公众的——受秘传教义者与以前那些未曾参加祭礼仪式的人就没有什么区别：包括外部信号、认识标志及生活方式的细微改变。受秘传者回到城邦，又在城邦生活，从事他以前所做的工作，没有任何改变。而只有他的信仰除外：有了宗教活动的经验，他已经得到在死后，在众多选民中被优先注意的特权：在冥界，他还会得到光明、狂舞和欢歌。这些关于彼世的希望肯定在各个教派圈子里被采用、滋养和发展，因为这些教派同样利用秘密祭礼的象征主义及其特点和阶段等级。但是，对于保护这些希望的城邦，对于受过或没受过秘传的公民，在秘密祭礼中没有任何东西反对官方宗教要求祭礼成为自己的一部分。

狄俄尼索斯，奇特的局外人

狄俄尼索斯的地位看起来类似于秘密祭礼。崇拜也包含着秘传教义和秘密宗教仪式，而没有被确定为信徒（Bakchoi）的人是没有权利参加的。但是，在雅典，狄俄尼索斯的冬季庆典、奥斯克福里亚节、乡村酒神节、戏剧节、花节和城市酒神节并没有像在伊流欣努那样组成经常自成一统的总体，或一个封闭的圈子，而是组成分散在教历中与其他神的、属于同样祭典规范的节日平行的断续系统。所有这些节日都是完全具有公民特性的正式的仪式。有些包含秘密成分并要求一种特殊的宗教人格，就像在王后结婚周年庆典中，执政王夫人是和与之结合的狄俄尼索斯一起在花丛之中。十二个妇女组成的团体参与祭典,并在沼泽地中的狄俄尼索斯祭坛结束秘密祭礼的最后仪式。但这些女人是以"城邦的名义"并且是"遵循城邦传统"做这一切的。这说明,是人民自己公布了这些规定并且把它们刻在石碑上,然后安立在某个安全的地方。王后的秘密婚庆于是具有狄俄尼索斯神的城邦正式承认的价值。它奉献的是城邦社群与神的团结以及城邦向集体宗教范围的归化。女祭司们每三年要去帕纳苏斯山[①](Parnasse)一次,为的是在那里与德尔斐的女祭司们一起行祭司之职,她们同样是以城邦的名义进行活动。她们并没有构成一个被授秘义者实行种族隔离的组织、一个选民们的边缘社团,一个非正常人组成的教派。她们组成的是一个正式妇女团体,城邦委任这个团体在阿波罗祭坛上的狄俄尼索斯崇拜范围内代表德尔斐神谕所保护的雅典。

在公元前5世纪的阿提卡,甚至在大陆希腊都不曾有过个人的狄俄尼索斯组织,选派信徒到一个封闭秘密团体以举行特殊崇拜仪式或像在几个世纪之后随着向狄俄尼索斯献祭者(Iobakchoi)出现形成的神保护下的通宾形式。公元前5世纪前后,当马格涅西亚(Magnesie)的城邦要组织狄俄

---

① 帕纳苏斯山:希腊山峰名,阿波罗和缪斯的居住地。

尼索斯崇拜祭典时，按照神谕的指示指定了三个梯亚得斯[①]（Thiases，女祭祀团），受特从底比斯（Thebes）来的有资格的女祭司的领导。

那么，就其他神而言，是什么造成了狄俄尼索斯的生命力和对之的崇拜呢？狄俄尼索斯教与秘传宗教相反，并不贴近公民宗教以延续它。狄俄尼索斯教表达的是城邦正式承认的一种宗教，这种宗教在许多方面都脱离了城邦，否认它并超越它。它让宗教话语进入公民生活的中心，这些宗教活动以想象、象征的形式或以开放的方式表现了一些怪癖的形态。

这是因为，甚至在狄俄尼索斯承认的奥林匹斯诸神的世界中，狄俄尼索斯按照谢和耐的精妙公式把他者的形象具体化了。狄俄尼索斯的职责不是通过使他者神圣化而肯定和加强人类和社会的领域。他对这个领域提出问题，他使这个领域爆发出来，同时通过自己的存在揭示神圣的另一种形态，这种形态不再有规律、不再稳定和有限，而是怪异的，难以把握又难以应付。唯有希腊神具有行使神术（maya）的力量，他超出一切形式，脱离一切规定，他的显现千变万化，但却从不固定在任何一种面貌之中。他像魔术师一样和表

[①] 梯亚得斯：Thiase字源于梯亚Thyia，即希腊神话中卡斯塔利俄斯之女。与阿波罗生得尔福斯。传说她第一个向狄俄尼索斯献性，为他举行狂欢。从她以后，每年妇女们在阿提卡为狄俄尼索斯举行狂欢，参加的妇女则被称作梯亚得斯。

面现象做游戏，打乱了魔幻与现实的界限。他是无所不在的人（Ubiquitaire），他从不在他之所在，永远同时在此处和彼处，又无处可在。他一旦显现，给予人间和谐与理性的各自分明的范畴、各种鲜明的对立就会变得模糊不清而互相融合、沟通：男和女——他与二者都联姻；天与地——他在突然出现时，把二者结合起来，同时把超自然插入自然，带到人类的乐园；还有野蛮和文明，遥远和邻近以及在他之中并通过他连接起来的此世和彼世。更有甚者，他废除了分离赎身与人类、人类与兽类的距离。当参加他的祭典的迈那得斯[①]（Menades）精神痴迷地进入通灵（transe）的疯迷状态时，神就占有了她们，并附着在她们身上以随心所欲地控制和左右她们。在谵妄和狂热之中，人这造物扮演了神，而神则在虔诚者身体的内部扮演了人。二者之间的界限突然变得模糊不清，或者在二者很接近的地方被消除，人就是在这个地方突然感到失去了日常的存在和平常的生活，脱离了身体而被带到一个遥远的彼处。这种通灵和神共同造成的这种接近，还伴随着和兽类的野性的新的亲密关系。女祭司们远离家园、城市和农田，人们以为她们在深山密林中与蛇游戏，就像哺育自己的孩子那样为幼兽喂奶，但同样也追赶、捕捉、活剥

[①] 迈那得斯：即巴克坎忒斯，酒神巴克科斯的女祭司，又称巴克科斯的狂女。

并生吃这些野兽。就这样,她们在饮食行为中与这些大大相异于人类的野兽同化,因为人吃面包,吃祭献给诸神的煮熟家畜的肉。女祭司们还互相残杀,互相噬血。而这一切都是在毫无规则、在她们本人毫无意识、超越左右她们的饥饿感的情况下进行的。

迈那得司祭祀是女人们的事情,究其极端包括两种对立的形态。对于快乐地与神结合的虔诚者们,梯亚得斯把她们在短暂逃逸中得到的超自然的快乐带向黄金时代的世界,在那个世界里,一切有生命的造物再度友爱地聚首、融通。但对于那些不信神的并且神必要惩罚和压制的女人和城邦来说,疯迷是从那最难以忍受的污浊引起的恐惧和错乱开始的:回到一个无规则的混沌世界之中,在这个世界里,狂女们像野兽一样吞食亲手撕裂的亲生孩子的肉。双重的神,在自身中统一了两种面貌,正如在欧里庇得斯[①](Euripide)的《巴克科斯的女祭司》中,神宣称狄俄尼索斯同时是"最可怕的和最温柔的"。

为了使狄俄尼索斯这个怪异神温柔地显示祥和——他的难以压抑的奔放感情和放荡的热情似乎威胁着公民宗教的平衡——必须是城邦接纳狄俄尼索斯,把他视作城邦的一员,

---

① 欧里庇得斯(公元前485?-前406年):古希腊剧作家。

保证他在其他神的旁边占有一席之地。必须让整个社群庄严地为狄俄尼索斯举行祭典；必须在被正式指定和提升了梯亚得斯的等级上为妇女组织公众机构和一种受到检查、控制并规范化了的通灵形式；还必须为男人在科摩斯①（Comos）宴会中用美酒和迷醉促动游戏和狂欢、假面和化装舞会以及超出事物常规的经验；最后，还应该建立剧院，在剧院舞台上，幻想的东西被形象化了，并且鲜活起来，那虚构的东西就像真实的东西一样显示出来：在所有这些情况下，在狄俄尼索斯和城邦及其宗教的结合过程中，重要的是把"他者"及其全部荣光置于社会机制的中心。

尽兴的心醉神迷，热情奔放，完全的占有，的确如此。但还有美酒、狂欢、演戏的幸福；爱情的愉悦，对绚丽多彩而又难以预料的生命的讴歌；假面和化装舞会的快乐，日常的祝圣。狄俄尼索斯能够带来这一切——如果人类和城邦承认他的话。但在任何情况下，他都不是要宣告在彼世会有更美好的命运。他并不鼓吹逃避现世，也不宣扬通过苦行禁欲的生活为灵魂打开通向不朽的入口。他从此生此世出发，让他者的各种不同形象在我们周围和我们之中脱颖而出。在这片土地上，在城邦的范围内，他为我们开创了向着令人惶惑

---

① 科摩斯：宴乐之神。身旁伴有童男、童女，传说他是狄俄尼索斯和咯尔刻的儿子。

的怪异逃逸的道路。狄俄尼索斯教会我们，或者说是强制我们与我们通常所见的样子相异。

无疑，正是这种逃避的需求，这种对与神的完美结合的怀念——这种怀念胜之于狄俄尼索斯降身地狱寻母塞墨勒①（Semele）时的焦急——说明了神有时应该能够相当紧密地与伊流欣努的两位女神联合起来。当执政王的妻子动身去庆祝与狄俄尼索斯的联姻时，她受到了伊流欣努圣使的帮助，参加了在莱那亚（Lenees）举行的可能是希腊最早的狄俄尼索斯狂欢。伊流欣努的火把手统帅祝圣游行，然后是公众继续下去："伊阿科斯，塞墨勒之子。"神在伊流欣努出现是在公元前5世纪。在没有神庙和教士的地方，神很少出现而且影响微弱。神以他与之同化的伊阿科斯的形象出现，他的职责就是在举行秘密祭礼时，主持从雅典到伊流欣努的游行进程。在希望和狂欢的气氛中，伊阿科斯成为狂热欢呼的受秘传者们的化身。在那个时代，痴迷于一个神的虔诚者们，不太关心彼世的各种表象（意大利南部例外），所以人们能把这位在冥界导引受秘传者们的真福合唱的伊阿科斯想象成为把酒神节的梯亚得斯带到人间的狄俄尼索斯。

---

① 塞墨勒：大地女神，与宙斯生狄俄尼索斯。宙斯曾许诺她可提任何要求，但她提出要看一眼宙斯，结果被宙斯闪电击死。

俄耳甫斯教，寻找失去的统一

俄耳甫斯教的问题则属另外的范围。这个教派有多种多样的形式，但基本上可说是属于后希腊化时期的产物，是在后希腊化的过程中迅速发展起来的。但是，最近的一些新发现可以证明某些历史学家的意见是可信的：应该在古代宗教中给予俄耳甫斯教一定的地位。还是从俄耳甫斯教的最初形式开始：书写文字和圣书的传统。1962年在萨洛尼卡（Salonique）附近的一处墓穴中发现的戴尔维尼（Derveni）的莎草纸文稿证明在公元前5世纪——无疑是从公元前4世纪开始——就有前苏格拉底哲学家们可能知道的神谱流传，恩培多克勒似乎受其中某些部分的启发。从俄耳甫斯教一开始就出现了一个重要特点：那就是《空论》(Doctrinaire)的形式，这种形式使之对立于秘传，也对立于俄耳甫斯狄俄尼索斯教和官方崇拜而更接近哲学。这些神谱有各种不同版本，但是基本取向都是同一的：它们都与赫西俄德传统针锋相对。在赫西俄德那里，神的天地遵循导引从无序到有序、无区分的融合的原始状态到宙斯永恒权力下的分化和等级化的世界组织起来的。而在俄耳甫斯信徒那里则正好相反：从根源上讲，本原，即最初的萌芽或漫漫长夜，他表达的是完美的统一，封闭整体的完整。然而，存在随着统一的分裂和解体而堕落以使不同的形式和分离的个体出现。随着分散阶段之后而来的，应该是各部分重新整合于大全的统一之中。到了第六代，就是俄耳甫斯教的狄俄尼索斯的到来，他的统治代表着对"一"的回归，对失去的整体的重新获得。但是，狄俄尼索斯不仅仅行使他在神谱中应尽的职责，神谱以一种连续的并被全部重新整合替换过的坠落代替了被分化的次序渐进。在传统叙事中，狄俄尼索斯被折磨他的提坦神们分割，后又从完好无损保存下来的心脏起始重新长成人，提坦神后被宙斯的雷电击中，他从他们的灰烬中再生，因此具有人类的种源。传统叙事为我们证明了平达（Pinda）和希罗多德（Hérodote）曾影射过的希腊化时代。狄俄尼索斯在直接涉入人的生活的"受难"——因为这种受难秘密地确立了人类命运的不幸，同时为要死者展现了自救的前景——的过程中以其神-人的身份承受了分散和重新统一的双重阶段。出自被雷电击中的提坦们的灰烬的人的种族，继承了肢解神的身体之罪的这份遗产。但是，凭借祭祀礼仪和俄耳甫斯的生活方式洗净祖先遗留的污点。拒绝任何肉食可避免城邦祝圣时的血的祭牲——为俄耳甫斯召唤可怕的提坦们去欢宴——的不洁，每个在自己身上为狄俄尼索斯保留一席之地的人，也就都能够归到失去的统一之中，重新找到神并且在彼世重获黄金时代的生活。这样，俄耳甫斯神谱其实是从人谱和赋予神谱以真实意义的灵魂拯救论（Soteriologie）开始的。在俄耳甫斯教的文学中，空论化的面貌与追求自救密不可分。接受纯洁生活，远离任何污秽，选择素食，这些都反映了要躲避共同命运、终极和死亡、完全与神结合为一体的雄心。拒绝血祭，就日常实践而言，不仅仅构成一种偏离，而且是一种异常。素食主义反之其道，祭祀就好像意味着：即使在使二者沟通的秘密仪式中，人与神之间也存在着不可逾越的鸿沟。个体是在宗教之外追求自救。俄耳甫斯教作为精神流派，似乎外在并有悖于城邦及其规范、价值。

俄耳甫斯教似乎还以其他途径施加影响。从公元前5世纪起，俄耳甫斯教就有文字记载涉及伊流欣努，尽管二者之间存在一些差异，不如说正式的狄俄尼索斯崇拜和俄耳甫斯教义崇拜之间存在对立,互相同化早已出现了。欧里庇得斯在《希波吕托斯》中就通过忒修斯之口讲述了一个年轻人"使狂女归于俄耳甫斯管制之下"的故事。而希罗多德则回顾了他不准穿羊毛衣服的禁令,并且把这个规定施用于"人们称作俄耳甫斯和巴科斯的崇拜"。但这些比较并不是决定性的,巴科斯(bachique)这个词不是专门用于狄俄尼索斯崇拜的。唯一可证明狄俄尼索斯和俄耳甫斯教之间直接发生影响以及同时产生的狄俄尼索斯末世的地方都在希腊的边缘地区,黑海边上,即公元前5世纪的奥尔比奥斯。人们在这些地方发现刻有粗糙雕画的骨片,并且发现上面刻有"Dionysos"和"Orphikoi"(狄俄尼索斯,俄耳甫斯)两个名字,后面接着的是bios,thanatos,bios(生命,死亡,生命)。但是,正如人们所观察到的那样,这个复杂"拼版"始终是神秘多于清楚,从现有资料看,它凭着自己的特殊性证明在奥尔比奥斯居民区及西徐亚(Scythe)周围曾经有过特殊的宗教生活。

遁 世

的确，在古代俄耳甫斯教对希腊宗教的冲击基本上表现在两个方面。在公民信仰方面，俄耳甫斯教助长的是由于畏惧污浊和疾病而生的忧虑和迷信活动。特奥弗拉斯特（Theophraste）在《迷信者》画像中表现的就是每月都参加活动的人物，他要去重行秘密祭礼，与妻子和孩子们一起寻求与俄耳甫斯的通灵。柏拉图把迷信者描绘成乞讨的教士，描绘成依靠为生者和死者的净礼和秘祭（Katharmoi，teletai）的所谓权力赚钱的流浪神。这些边缘教士人物从一个城市走到另一个城市，他们的秘祭与咒语的科学依仗的是有关缪斯和俄耳甫斯书籍的权威，他们情愿与那些不择手段利用公众轻信的巫师与江湖医生为伍。

但是，这里比较理智的层次，俄耳甫斯教书与其他经书一样被放到通过改变宗教经验的范围扭转希腊人精神生活取向的潮流之中。俄耳甫斯传统在这方面与毕达哥拉斯派一样上述具有特殊威望和权力的不寻常的那些人物之列。这些人-神的权力从公元前7世纪就已被人利用于净化城邦，人们有时把他们定义为"希腊萨满教"的代表。到了公元前5世纪中叶，恩培多克勒证明了这种巫术形式的生命力，巫师能够利用风召回冥界的死者，并且不再表现为要死者，而是已经成为一个神。这些特别人物与埃庇米尼底斯[①]（Epimenide）和恩培多克勒一起拥有像阿巴里斯（Abaris）、阿里斯塔俄斯（Aristeas）和赫墨提俄斯（Hermotine）那样多少有些传说色彩的受启使者，他们的明显特征是：以他们的生活规律、节制的精神活动和对呼吸的控制、苦行技术和补救前生而受阿波罗的庇护。这个阿波罗是许佩珀尔（Hyperboreen），而不是狄俄尼索斯的阿波罗，是入神呼吸和净化的教练。

在狄俄尼索斯的女祭司的集体通灵状态中，神来到此世控制信徒，骑在他们身上，随心所欲地指使他们狂舞乱跳。被附身的人并不离开这个世界。在这个世界中，他们被附身

[①] 埃庇米尼底斯：希腊传说中的诗人、预言家。

的力量改变成为他者。相反，在如此多样的"人神"那里，个人获得秘传，得以引导活动并通过另一边。多亏能够获得的特别权力，人得以离开被弃置于蜡屈病睡眠状态中的身体，到另一个世界中自由漫游，然后，又带着对在彼世之所见的记忆回到人间大地。

这种类型的人，他们选择的生活方式，他们采用的入神技术都意味着一个来自彼处的流亡存在于他们身上，这个存在来自精灵，即普赛克（psyche）。正如荷马所说，普赛克不再是无力的阴影、虚幻的映像，而是一个守护神（精灵），一种与神相关的并急于要找回神的力量。控制这种灵魂使之脱离肉体，集中于自身并净化之、解放之，由此到达人们怀念的天府，这一切都沿着这条路线成为宗教经验的对象和目的。然而，在与城邦存在的时间同样长的时期内，没有哪一个教派、祭祀活动和群体组织不是严格地并尽全力表述这样的诉求，既脱离肉体、逃避人世而与神紧密、个别结合。希腊宗教并不知道"弃绝者"的角色。但哲学把苦行、灵魂的净化及其不灭记录下来，从而接替了这个角色。

对于德尔斐神谕来说，"认识你自己"就意味着"知道你不是神，也不要犯声称要成为神的那种错误"。柏拉图转述的苏格拉底从自己的角度重提这个公式，它要说的是：认识那在你之中、就是你自己的神。在可能的情况下，尽量使自己与神接近。

附录

希腊思想

——韦尔南与伏隆提兹、阿赫多、维达尔-纳盖谈话录

维达尔-纳盖眼中的韦尔南

"在我的一生中曾见过三种类型的杰出教授。一种是令人敬而远之的教授,他们居讲台之高传授科学,不容置疑的科学,讲课一结束,他们就立即离席而去。人们毫无疑义地接受他们的传授。还有一些不容异见的教授。他们持有一种理论,一种思想,他们强加于人,致使他们的学生把他们的思想视为楷模,而且只认这种思想。比如,这就是弗洛伊德的情况。然后,还有一些自由主义的或苏格拉底式的教授,可以说,韦尔南就是这后一类的。他是一个不仅仅具有个人口才——他的口才是我听到过的最优美的——而且还有这样一种优点:他在聆听某人说话时,能够重复此人之所言,而且会使我们中的每一个人都会奇怪这个人为什么会说出如此

聪明的话。而这种聪明，就是韦尔南的聪明。但韦尔南使我们相信，这是我们的聪明。这个优点绝对是独一无二的：一个不把他的真理强加于人，而是让每个人都发现自己真理的人。"

一 神话和理性

纳盖：亲爱的让-皮埃尔，如果我没有记错的话，我们是在1957年认识的，我说不出是不是由于政治原因……在为一个在阿尔及尔去世的年轻数学家举行的莫里斯·奥丹（Maurice Audin）委员会的新闻发布会上见到你的。你是陪路易·谢和耐（Louis Gernet）来的。我在梅耶松（I. Meyson）的比较心理学中心听过你讲课。我现在难以说出哪一次见面更加重要。但是，把这两次会见混在一起说很有意思。那时，你是已经持有异见的共产党员。你还是一个探究希腊思想八年之久的学者。当我有幸得空从1960年起聆听你讲课时，你正在写《希腊思想的起源》那本小书，那是你的第一部专著。如果我反思一下，说到底，这本书最重要的一点就是：从重要事件中获取种种结果：对迈锡尼线形文字B的解密。对一个希腊思想史家来说，这种解密的结果是什么呢？特别是人们归功于希腊人的理性诞生在什么范围内成为某种与希腊城邦诞生相关的事件？

当时，这是在你看来很严重的问题。我没有弄错吧？

韦尔南：没有，当然没有。你完全正确。我想，我们第一次见面是在奥丹委员会的会议上，这不是虚构。

纳盖：不管怎样，我们曾说过话。

韦尔南：是的。在离开时，我和你，还有谢和耐说过话，我们谈到诸神的时间和人类的时间。

噢，你说的对，关于我的起点，我发表的第一本书和我在《经济、社会、文明年鉴》中发表的第一篇名为《从神话到理性》的文章。解密"迈锡尼线形文字B"，就是说我们第一次有可能拥有关于公元前14和前12世纪间的社会组织形式的文字资料——因为这些资料已经被解密。根据这些资料所能确立的社会——已经是希腊人的社会——图表与我们掌握的人们一直据以研究当时情况的最早文字资料（即荷马的作品）大相径庭。

纳盖：这是莫兹·丰雷（Moses Finlay）在他的《奥德修斯的世界》中给人留下的直观印象。

韦尔南：绝对是这样，完全是、完全是这样。我尝试从中获取结果，就是说……我想，我根据产生那本小书的材料指出这是一种尝试，而不是……我并不认为这是一部历史学家的著作，这是一次尝试，我希望说明所谓的希腊理性的诞生（并不像人们在某个时刻声称的那样）并不出自奇迹，而应该联系这种背景进行解释：这些迈锡尼庞大群体以及他们的等级制度、官僚机构和记录社会生活总体的方式构成了这种背景。应该……当人们能够把握城邦组织的最初形式，当城邦建立时，人们最终看到对被称之为政治的东西的脱离和对某些理性思维形式的脱离是共同发生的。这就是我的基本观点。当然，今天对这本过去的书，我要做两点说明。我要说——就像我一直或在大多数时间内所做的那样——这种要指明奠定一种来自……的、不再以宗教力量和谱系学的术语（就像伊奥尼亚人那样）思维的思想的可能性以及使这成为可能的东西的计划，就是针锋相对的辩论、讨论、证明的行为，在公民广场上发生的一个反对另一个的斗争的话语。正是这些成为在其他派别中产生某种理性思想的最初条件。

纳盖：但这些，我们在荷马那里已经看到过。

韦尔南：这些，我们在荷马那里已经看到过，在他著名的戏剧舞台上……

纳盖：争辩……

韦尔南：争辩，人们发现有两个可说是位于中立空间的部分，要各自展开自己的论据。

纳盖：有老人在场。

韦尔南：有老人在场……但最终，人们还是处于一个仍为前司法的领域，法律的到来是在社会及其总体之中的这种理性功能的基本成分之一。那么，如果现在我反思一下，我会认为我可以这样说：我据之认为这一切都不言自明的理由之一（第一或第二个理由），我据之体验到把这一切诉诸文字并使之成为某种具有相当明白形式的必要性的理由之一，就是像你刚才指出的，我曾是一名共产党员。我属于人们称之为对立的一方。我要指出的是，在任何政治组织中，或在公众的和矛盾的争论并不被视作重要的试金石的任何国家体系中，人们根本上处于一种神话或宗教的形式中。显而易见，这种证明在我看来，是要使人明白：一个像苏联那样的国家，不能是科学的化身，也不是理性社会和历史生活的理智统治，而是完全来源于宗教思想。

纳盖：无疑，你还想指出，迈锡尼国家不是在世界上存在的唯一的官僚主义国家。

韦尔南：是的，当然是这样。但在此，在接近东方专制主义的整个传统的过程中，我会指出，即使迈锡尼国家不完全类同于近东的独裁统治或国家，它还是具有这些国家的许多特点。

第二点：名为《希腊思想的起源》的小书还有一个副标题，或可说还有另一篇文章补充它，文章题目为"从神话到理性"。读者于是能够在读我的书时——我想这是一种误解——相信在希腊一开始就有神话，神话被视作个别、特殊和普遍思想的形式——神秘思想，然后，在一特定时刻就有了一种飞跃，就处于理性——另外一种完全不同的思想形式——之中。

于是，我持某种谨慎态度。在结论中，我指出希腊人没有发明最高理性（La Raison），原因很简单：因为最高理性并不存在。与希腊人这样的群落探索的各种领域紧密相关的理性形式是存在的。但这与有关物理法则、几何学、医学的理性是不同的。我曾试图指出：标志这古老而传统城邦的理性的特点的，是一种政治理性，也就是说是一种要实施某些措施的努力：实施这些措施是要在人与人的关系中建立秩序，而不是在自然中找寻规律，这不是实验物理学的理性。

纳盖：这说的是理性，那神话呢？

韦尔南：关于神话，我要说没有神话。因为，一方面，当我们综观mythos这个希腊文词的演变，就会发现事情并不那么简单：Mythos只是指的言语（parole），从一开始起就不存在mythos和logos的对立。对立是在某个特定时刻出现的。人类学家们已经指出过，如果可以谈论神秘思想或这类思想的形式的话，那是因为人们处于口头传统的文化之中，在这种传统中，通过一代一代口头流传下来的叙事形成了一种集体的知，一种同时构成被视为真理的文化的框架和内容的知，这就使上述的对立更加有价值。

纳盖：是的，但在此，就不再是一种口头传统的文化……

韦尔南：那么，正是这样……

纳盖：我们所在的文化，是文字逐渐深入其中的文化，在那个时代，可以说，人们能够……关于神话的思考，曾有过两种主要倾向：一是杜梅泽尔（Dumezil），他对印欧神话的三种功能的研究。另一个是列维-施特劳斯（Levi-Strauss），我们主要涉及《野性的思维》即将发表、《结构人类学》第一卷已经发表的时期。而你本人，那时你发表了两篇富于新意的文章，一篇是《赫西俄德的种族神话》，对文本进行分析……

韦尔南：当然……

纳盖：如果愿意，可说是杜梅泽尔的精神。

韦尔南：是的……

纳盖：另一篇是《赫耳墨斯-赫斯提》，分析先贤群。在后一篇文章中，你研究了两个神：赫耳墨斯可说是运动的神，赫斯提则是家室女神，是安定之神，深深扎根于家庭。而这两篇文章都用了结构分析。

你今天如何评价这些分析？

韦尔南：我首先要说，恰恰是对于希腊，当我谈论神话，谈论赫西俄德有关种族的神话时，我关心的是与收集各种口头版本的人类学家们完全不同的事情。我关注的是文本。因此，我的工作就是尽可能准确地分析这篇文章。而我要指出，在赫西俄德有关种族的神话或可说是这类传说叙事中——不仅仅是普罗米修斯神话和我要进行的所有分析——一种结构分析应该能够同时指出在这种传说中有一种理性。我要指出，任何解释都应同时分析这些传统的既带悲剧性又带娱乐性的特点，还要通过叙事——不属于哲学证明或历史叙事范围、在风格和形式上都迥然相异的叙事——指出，存在着的不是在起点提出的问题，因为，在起始时没有任何问题提出来。而随着叙事线索、随着情况发展，人们最后到达可以理解很一般的问题的条件，比如：人是什么？人在兽类与神之间的位置如何？为什么会有女人？我们为什么会死？我们为什么会生？为什么我们要劳动？祭祀礼仪、谷物生产、火的掌握和创造女人之间有什么关系？

这就是说，我试图做的，就是在这个方向上的一种结构分析，就是从这篇文章出发指明即使是一种没有任何指示特征的叙事和情节，当人们观察文本如何编织，符号学领地如何被分裂时，就会明白，在文本之下并通过文本，有某种东西真的属于知性的……范围。

韦尔南：那么，对于先贤群，如果没有杜梅泽尔和施特劳斯，我自然不会对之有所研究。对于一个先贤群，我愿意这样说：

我要提到两个通常彼此没有任何关系的两个神。赫斯提同时是一个意指家园和作为一个神、一个家室女神的共有的名字；另一个是赫耳墨斯。这两个神既不是夫妇，也不是兄妹，并没有某种家庭关系。然而，我们看到他们的关联。首先，是在具体的表象中，人们看到他们成双成对。其次，在赫斯提的颂歌中，同时也提到了赫耳墨斯。

问题是：为什么？因此我的全部工作就是指出：一个先贤群，不仅仅是进入多神论的一种方法——就是说有许多神——而且要说明这些神之间的关系，不过是通过各种神的力量大小的排列表现理解世界的框架：在那里，有一种逻辑的框架，在这种情况下……

纳盖：你提到，人们那时仍描述说，赫耳墨斯除了是一堆鹅卵石之外，什么都不是。

韦尔南：确实，就是一堆鹅卵石，是做路标之用。

鉴于这两个神相互对立和结合的事实本身——赫斯提作为中心、作为对于自身的封闭空间，把家深深扎根于大地之中；而赫耳墨斯，就是运动，他穿过城门和边界，把诸神与人联系起来，把此界和冥界联系起来——在几何学产生之前，在组织完好的城市布局确立之前，在空间被作为抽象理想性思考之前，人们不可能不看到这些联合表现了某种作为必要性的、在知识范围内非常重要的东西，即从特殊点、从起点、从中心把空间作为关闭体系思考的必要性。与此同时，为了思想，空间要求有一个特殊的中心。必须明白，人能够在空间中移动，而且因此在越过一个界线时能够通过空间中的每一个点，从一个点到另一个点。

纳盖：那么，这一切是从一本书开始的。那就是你的第二本书，1965年马伯乐（F. Maspero）出版的论文集，书名为《希腊人的神话和思想》，副标题为《历史心理学研究》。这本书是献给梅耶松的，他是你的两位导师中的一个。但是，如果说这本书也带有另一位导师谢和耐的印记，并非背离梅耶松的思想。

你是否能确定你说的历史心理学是与梅耶松还是与谢和耐有关？

韦尔南：与梅耶松有关。因为历史心理学，是说的梅耶松。

纳盖：当然。

韦尔南：那好，谢和耐曾是梅耶松的朋友，谢和耐在巴黎高等研究院第六系任教时，在《心理学报》上发表过文章……

什么是历史心理学的特点呢？我简单用两点概括：

那时心理学重要流派是科学心理学。那时一种行为心理学，也就是说，人们研究个体的行为，把这些行为放在实验室中进行研究。比如说，可以在实验室中准确地估量人们如何行事。那么，重要的说法……

纳盖：就像一只老鼠。

韦尔南：像一只老鼠，当然。此外，行为来自……它首先来自动物心理学。

梅耶松的重要创新就在于力图规定所谓人的层次，因此他是关心人的心理学家。他面对的问题与他从事动物心理学研究和观察猴子使用工具情况时自己所做的事情迥然不同。那是什么问题呢？

那就是在人中间，总有……总有卡西尔所谓的"象征思想"的事实，就是说，一切人类精神、物质活动的形式总是意在制造作为人与世界之间的象征媒介的作品的世界。人不是直接身处世界，人为了生活在世界和他之间建立了一个中介者的世界，那就是各种符号体系、各种语言为中介的世界。不论是技术、科学，还是社会机制、宗教、语言、艺术或构成文明事件的一切，这些都是人与世界、人与其他人、人与自己之间的中介的结构和种类。

纳盖：在此，我们不是讲人，而是讲希腊人。

韦尔南：是的。那么从历史心理学出发，我关注的是：不存在普遍的人，不存在永远一成不变的文明。应该看到在特定时期，什么样的人能与整体的文化事实相适应。因为人是自己造成的人，是他自己的作品，所以，心理学家应该通过这些作品，即文明事件总体研究人是如何造成的，如何历史地被构建成的。

这就是为什么在这本书中，我谈到大的框架，谈到空间、赫耳墨斯－赫斯提，谈到时间，谈到记忆、人格、形象，还谈到心理学的重要功能。我还试图探究在古代和传统的希腊文化中，这一切都是如何组织起来的。在什么样的事件总体中人们能够在工作中找到这种所谓的重要功能。我还企图指出这些与我们今天的情况之间的差异和距离。

伏隆提兹：历史心理学是从人们认为是普遍的一般范畴出发的：时间、空间、劳动、记忆……但是，在事件中，当你要挖掘对希腊人的回忆时，你竟然采用我们对自己使用的记忆，这不是抽象的记忆，一开始……

韦尔南：当然。有一种心理学范畴的图表，意志、人格、欲望、情感，所有你所要求的。这又与什么对应呢？

伏隆提兹：这是历史图表。

韦尔南：这是大部分由神学，还有文学、哲学构成的图表。有了它就可以应付。这是出发点。我以记忆为例。好，我发现在希腊人那里有一个术语：Mnemosune，意为记忆，同时也指神。那好,这已经引起我的注意。有一种神化的过程。那这种古老的记忆是什么呢?

在此,我看到的是与我们的记忆的差距。我们的记忆有两种形式:历史的和个人的。我们的记忆是组织和控制过去的工具。会议把时间当作对象,多亏了哈勒伯瓦赫(Halbwachs)所谓的记忆的框架,记忆树立了一种……一种可以把诸物置于未来之中的阶梯。

我观察希腊,我看到至少在古代时期,(记忆)和今天的很不相同。为什么?因为记忆是在专门的圈子里进行的。比如,在对Mnemosune有所记述的地方,在行吟诗人那里,人向记忆要求的,歌唱者,即有灵感者的盲诗人向记忆要求的,是向他揭示过去经过的事情,就是说反射过去,使他直接面对他所讲述的过去事件。

阿赫多:不仅仅是发生过的事情,而且还有将要发生的事情。

韦尔南:当然。而这样一来,这种记忆就同时成为揭示曾经所是和将来所是的能力。

阿赫多:是的。

韦尔南:当然。另一方面,在各种教派之中,在宗教、教派、善会圈子里,这种记忆同时与精神和身体活动、身体和精神活动技术、苦修相关,意在重新让每一活动的个体有节制地在外界生活。记忆在这两种情况下的目的，不是统治时间，组织过去，而是要脱离时间，到达一个时间性在其中不复存在的状态。

伏隆提兹：严格说来，应该找到与（mémoire 记忆）不同的词来解释这些……

韦尔南：严格说来，应该找到……不，为什么？有一种脱离时间的记忆，可能人们甚至还能够自问在什么程度上，两种类型的记忆之间没有关联。

这就是说，当记忆是世俗的，当记忆变成一种技术，即如亚里士多德所说过的，既然我们与动物共同拥有记忆，那记忆就属于并不是纯粹对象的灵魂部分。这时，有一种对记忆进行世俗化的过程，但人们可能会问这种偏重，即使很局限，是否并不系于我们重新构建的东西。我们，身为历史学家，在座的两位都是……我们自己，我们每个人，当我们问我们自己在过去是什么样时，这并不完全与要摆脱现在和时间性的欲望和意愿相左。古希腊人就可能有过这样的欲望和意愿。

纳盖：但是，我反对，阁下！想到基督纪年前六百年，在一个无名的克里特城邦有了 mnèmon 这个名称。

韦尔南：是的，我的大人。

纳盖：一个负责记录记忆的官员……

119

韦尔南：阁下，可能我不知道这些，从你知道的这些的时候起，你恰恰有……

纳盖：从六百年……在远古时代，因此……

韦尔南：是的，我并不夸张……当我谈到这远古的记忆时，我说的是与一些特定领域中的某种精神活动和技术类型相关的记忆。你要特别指出，在城邦范围内，还存在着其他的圈子、技术、对象。而显然，这种记忆不可能与纯粹历史学家的研究没有关系。

阿赫多：我不认为上述的记录者是克里特城邦的第一位档案员。这……这，完全不是。

韦尔南：对此有过争论。谢和耐有一篇文章……

纳盖：啊，不，因为这是在谢和耐文章之后……

韦尔南：我知道。但谢和耐指出有过这样的职员，这不是那里的铭文。但并不妨碍他清楚地说明有过mnèmon的问题。这就是他所说的一个至今未打破的记录。

纳盖：是的。但这里，新的东西就是日期……

韦尔南：是的，当然……

纳盖：很久以前，这mnèmon也指记录者，即某个用文字记录的人。

韦尔南：完全正确。

纳盖：这，这是新的看法。他用腓尼基文字记录。

韦尔南：是的，或可说肯定是的。我们完全赞成。

伏隆提兹：这样，你关注记忆的各种类型，这是最重要的进步……

韦尔南：是的。这就是说，就是在人们称作远古时代或古典时代中，都从来没有过铁板一块式的体系。实际上，只有体系的各种范围。人不是通过一种线性、不变的遗传的演变，而是由碎件和碎块造成的。人，希腊人同样，也是由彼此多少相容的碎片和碎块造成的！这再好不过！

二 历史心理学和历史人类学

阿赫多：你刚才通过记忆的问题说明了什么是历史心理学，而我们在开始时讨论的你1965年出版的书则开启了你的心理学的研究……以历史心理学的名义，也就是说是对希腊人的这种奇遇的调查。

韦尔南：是的。

阿赫多：我们现在说的是1965年。然而，在1968年，你在古希腊人类学的题目下发表了一组谢和耐的文章。

你是如何分析从历史心理学到历史人类学的过渡？这种过渡最终变成为一个起义点，并且对那些年里，或者说那个时期前后的所有研究和所有将要研究你的人都有所教益。

韦尔南：请注意，我记得是我为谢和耐的书起的这个题目。我记得也是我倾向于说我试图要做的，就是古希腊的人类学。

于是，和以往一样，总有一些理由。第一个理由就是，在我的研究范围内，当我在1948年已不太年轻时进入研究领域时，我确实是梅耶松的学生。而且我一直跟随着他，但我对其他人也略有所知，特别是施特劳斯，人类学于我确实很重要。我通过从你那儿读到的一篇最近发表的、很能说明问题的文章来回答你，因为你曾有一个时期研究过希腊人，而我们，归根结底——我差不多是这样推理的——就是说，我从我们之所是出发，从我们的职业的图表或目录出发，从我们的……我不大喜欢职业这个词。为了能更具体些，我用精神实践，精神态度。然后，我观察在希腊，这种图表是怎样以不同的方式画成的。再以后，就是发生了什么事情？不再仅仅有希腊人和我们，现代人，城邦和我们的生活。于是还有第三项闯了进来：就是人们称之为原始人……

阿赫多：人们最先称之为野蛮人。

韦尔南：人们最先称之为野蛮人。就是说，那时，注意力不再简单地放在同一文化内部的现在和过去的比较上，而是关注文明的不同类型。通过野蛮人或原始人的中介，问题就同时变成为：希腊人是原始人吗？原始人是否应该通过我们从某些希腊的面貌中得知的情况来理解呢？原始人与我们之间的关系是什么？是否可以说，希腊人是站在原始人和我们之间的中点上？

纳盖：这是拉非托（Lafitau）在18世纪提出的问题，也是修昔底斯提出过的问题，他曾说过希腊人以前曾经是今天的野蛮人那样的人。

韦尔南：这是真的。

伏隆提兹：是希腊人发明了进化论。

韦尔南：确实，是这样，确实。但问题不在于知道是谁发明了进化论。问题在于知道……

阿赫多：他们以非常直接的方式提出这个问题。

韦尔南：当然是这样。他们肯定提出过这个问题，人们跟随他们或者以另外的方式又提出这个问题。

阿赫多：修昔底斯，可以说还有斯特雷波[①]，但他改变了这个问题，因为他要说，这个问题恰恰对研究野蛮人没有任何兴趣。

韦尔南：无论如何，为了回答你提出的问题，在我重点思考的范围内，可能不仅仅有现代心理学和今天人类与希腊人之间的比较，而且还存在一种要把比较普遍化的努力。

我认为，在进入法兰西学院的演讲中，我曾讲过从根本上说是类似的东西，它同时是一种心中隐情，也是我指出的一条道路。我说，由于希腊的形态，它对我来说容许一种从

---

① 斯特雷波：(公元前63–前24年)，希腊地理学家。

各个方面进行的比较主义。每当我肯定不仅仅要以历史学家或历史心理学家的眼光，而且要以人类学家的眼光、也就是在与不同文化进行比较的过程中观察希腊时，在人们关注神话，在人们关注战争、土地问题、祭祀问题时，那通过希腊，就不仅仅是从理论角度说的。

纳盖：举个例子：你曾经与马塞尔·德蒂安一起研究过精神范畴：métis，即狡猾智慧的概念。这是某种可能引起一些丑闻的东西，因为希腊被视为理性的故乡。想到希腊竟也可能存在诸如狡猾、耍滑、欺骗、背叛等如此可恶的实践⋯⋯人们习惯于歌颂尤利西斯。你真是激怒了我们的人文主义学者，那⋯⋯

韦尔南：请注意，我并非为希腊唱挽歌，我为之感到荣幸。而我对此要特别指出，这同时也是对你这次访谈开始时提出的问题的答复。因为我说过：不存在普遍理性，只存在着理性的不同形式。我与德蒂安做过的值得庆幸的一件事，就是指明——秘密地，因为哲学家们并不认为他最重要——柏拉图的重要地位⋯⋯

纳盖：还有亚里士多德。

韦尔南：隐秘地，确有一个运用这种智慧类型的重要功能的流派，这与某些人道主义者们所介绍的有关希腊的理性背道而驰。狡黠、耍滑、灵活，在看起来走投无路的情况下，通过与数学家完全不同的手段，人们能够改变不利条件，就像某些避开猎人的特别狡猾的动物一样。这样，在那里有一股秘密的暗流，很重要，从根本上讲是工匠的手段，因为，由于工匠没有办法测量炉子内的温度，他生活在一个近似的世界中，他也不得不求助于这种嗅觉并且进入与他所利用的各种自然力量的竞争之中，而他利用这些力量的手段完全不是证明的和数学预设的手段。

伏隆提兹：诡计。你与德蒂安共同做的调查，是否没有使用与历史心理学方法相反的手段进行？你们从希腊概念，一个希腊词 métis 出发，而且这个词很难翻译，因为它有点是狡猾的意思，但又不仅仅是狡猾，而这正是你们试图指明的问题。

韦尔南：请注意，我不认为，我也不相信。人们可能这么说，可能会说……这是否更是人类学的，而不是历史心理学的呢？但我并不肯定，因为当你要在精神领域和另一领域、在一种知识立场和另一立场之间往返，或更准确地说是多次往返，你就不得不连续地涉足每一边！于是，我们由此出发对 métis 进行探究……我清楚地记得这是如何完成的：有词……我认为，起点，就是对亚里士多德的 Mechanicad 以及亚历山大的工程师们用以为人设定以弱胜强的可能性的方式。比如，用很小的力量推动非常重的东西。而由此，从这种颠倒出发，又阅读了其他人的文章，完全不同的文章，我就想到：从根本上讲，这一切都可表示一种普遍的认知立场。我与德蒂安就是从此开始的。

但是，我认为，这与我在研究记忆或空间时所做的并没有特别的不同。当我研究空间时，我也是从某种毫不相干的东西出发的。赫耳墨斯－赫斯提，二者完全不同。但你不得不这样做。这不是……其一不是人类学的，而另一个则可能属于历史心理学。这毋宁说是你据以利用这些往返的方式，而你利用这些往返是为了建立一种对与你的世界相异的世界的领会，当人们具有普遍人类学的野心时，这个世界可能不完全是同样的。

阿赫多：是的，正是这样。关于人类学和从心理学到历史人类学的过渡所能取的意义，可能还要说一句。我觉得你在法兰西学院就职演讲结束时，提到了这个远古时代与我们的最后联系都中断了，而你是以人类学家的身份对这个时代提出问题的。这就是说，最终，对这个时代的探究说到底是对我们自己、对我们固有的社会、对我们固有的时间的探究，特别在其宗教维度及在为修士留的位置中。

这难道不是证明往返这个词的正确用法的另一种往返运动吗？

韦尔南：是的，是的……这是一种运动，我感到我在我的大部分对宗教问题的研究和思考中都涉及了这种运动。再者，我特别坚持了各种差异，我特别坚持……当人们谈到修士时，几乎会自然而然地说：那好，修士，这是一种普遍的立场……而我，我感兴趣的是：一种诸如希腊人那里的多神论凭借什么在各种层次上，在认知领域、在修士与俗人或社会之间的关系方面，表现某种完全相异的东西。这就是说，我要指出：在希腊宗教中，在所有在世的这些神之中，不再有神和俗之间的对立：诸神是在这个世界之中。在神圣和世俗之间存在神圣性的不同等级，但神圣无处不在……特别是在社会、世俗甚至政治和宗教之间不存在对立，这是因为政治本身与宗教紧密相关、交织，宗教本身完全融入政治生活。

阿赫多：正是在城邦中人们关心通感（takoina），就是说这些同时伴随神和人的领域的共同的东西。

韦尔南：那些同时明白神和人领域的人，由于诸神当然构成完全与人相异的一族和存在层次，他们是幸福快乐的永生者而且青春永驻——我完全同意这种看法——但是，这并不妨碍说，城邦和最高贵的雅典人，神圣的法律或包容这种神性的决定，就是掌握这些的公民会议。就是说，公民会议处理宗教问题，也处理其他问题。

纳盖：是的。会议只不过置诸天神于法令之首。

韦尔南：是的，会议置天神于法令之首，但这些是法令。

纳盖：这些是一些共同的法令、决定……

韦尔南：城邦的共同决定。就是说有某种对我们来讲非常难把握的东西，而这类东西是我感兴趣的并热衷研究的，因为我认为，希腊人同时感到只有在城邦和机构反映作为某种神圣方式的秩序时，城邦才可和谐，机构才是正确的，人们需要扎根于……扎根于某种超越你们的东西之中，并且同时存在着认为是那些对之思考的人们做决定的观念，包括有关神圣的决定。那人们可以说，他们做什么？他们二者都做！二者！

伏隆提兹：如果说你从事过宗教史研究，那是因为宗教紧密地与所有其他领域相关联：政治，日常生活，或者……

韦尔南：不对。并不是因为这些而研究宗教史的。但我所以研究宗教史，无疑是因为……

伏隆提兹：希腊宗教史的……

韦尔南：像我这样的老无神论者，总有某种要迎合这个问题的趋向，并且使我不能不提出这个问题。此外，怎么可能不提出这个问题呢？为什么？因为在历史心理学的观念中，人，从根本上讲就是象征功能，而最具象征功能特征的，就是宗教！因为在宗教中，现象后面、世界后面、我们的生活后面总不断出现一个破碎的、我们试图通过中介到达的彼世。

伏隆提兹：是的。但这是否会使为成为宗教史学家而做无神论者的事情变得容易？

韦尔南：请注意，我不知道。有很多人向我说，如果不是基督徒，就不能研究基督教……在此，应该说，如果不是不信教者，就不能研究希腊宗教。可能在我身上有一个不信教的角落。

纳盖：我不相信。有一些新-不信教者这样认为，但是……

韦尔南：不，新—不信教者……请原谅，他们不是新-不信教者，他们新的完全是其他东西……

伏隆提兹：这是一个人类学问题。就应该有……而言……

韦尔南：请听我说。我说……我认为在任何一个社会里，都存在各种各样的事情，否则，就不会有历史。社会上存在着各种张力，各种暧昧性……如果这是一个社会……某种堆积的东西，特别协调的东西，这都不会动。在我们每一个人身上……我们之中的每一个人，都有企图同时理解其他人的可能性……我不是伏隆提兹，但当我试图了解你是什么样时，我身上就有一部分企图做出回应。同样，当我试图了解希腊人时，我读这些文章，我试图深入进去，同时我持客观而有距离的立场，有些时候，我试图进入一个希腊人处境之中。你会说，这是不可能的！我清楚地知道，这不可能，但我也不能进入到纳盖和阿赫多的处境之中……这，这就是人类的局限！

纳盖：那么，你要……

韦尔南：我们不是好上帝！我们不认识外部的人。必须有中介，必须建立阿赫多、纳盖的形象，伏隆提兹的形象，希腊人的形象。正是通过这种形象我与之相遇。

三 相异性

阿赫多：那么，既然你提到与他人的关系……这就使我有机会提一个我曾经想向你提的问题：对于你的希腊城邦，什么是思想起源的城邦，什么是重视集中、平等和对称价值的城邦。我认为你在研究和调查之后，对另一个领域，另一种形态加以重视。你恰恰是通过我们谈到过的神性问题，逐渐整理相异性这个领域：诸神的表象，神的身体问题，诸如阿耳忒弥斯那样的神性的问题，各种边缘的神性，以及那种令人恐惧的神性，最后是戈耳工那样象征死亡形象的可怕人物。而最后，是你相当注意的那个狄俄尼索斯神。那好，这个狄俄尼索斯同时在城邦之内，又在城邦之外，这城邦是希腊人好歹要自己建立的，因为他们说，"不，不，他在"，另一些人则说，"啊，不，不，他在别处"。那么，他是在这儿，还是到别处去了呢……当然，二者都是。我认为，正是围绕着狄俄尼索斯，人们把握了同一性的这种建构的相异性的范畴。我觉得，这种视点越来越受到你的关注和重视。

韦尔南：是这样。你说的完全对。你说的完全对。可以说，这体现在我刚才所说的关于社会中的重要因素的思路中，就是要看到：不存在自身不带阴影的光线，也不存在自身不带有另一种形态的形态。我于是想到，在最近十年里，这个相异性问题对我是个中心问题。对历史学家来讲，可以说这不是一个偶然的结果……如果在1958年，这是有关理性方法问题，如果在1990年或更早一点，这就是在像希腊那样的文化中的相异性、对他人的接受和他人的地位问题，这样的文化是注重中心、同一性、公民的平等、关系的转换性的文化。那这是什么东西呢？

好，我现在深入到伏隆提兹的领地。为什么？因为有一种规律！有一种规律，比如在形象化的事实中，在各种形象中，人们从侧面塑造人，这差不多是经常的规律。

伏隆提兹：是的。

韦尔南：伏隆提兹了解这些，因为她对此做过深入研究。

伏隆提兹：关于花瓶的图画，关于浅浮雕……

韦尔南：浮雕上的人物都是侧面形象。这就是要说：画面被看见，看见它就必须想到在这儿的人，面对在那儿的人，这是在他们之间进行的。这是一种叙事。

伏隆提兹：目光，他们互相注视。

韦尔南：正是通过他们互相交换的目光和他们互致的手势，叙事情节完成了。然后，有相当数量的……这，这就是规律，这就是一样的，而会有一些例外。在这些花瓶上，会有一些数量的正面像。有狄俄尼索斯，很有规律，有戈耳工，完全有规律，然后就是伏隆提兹曾观察过的某些情况，这是些同样特殊和极端的情况。这里，我有一个很好的例子，可以说明为什么有规律就会有例外，为什么只有从我注视例外的时刻出发规律才被理解并获得其全部意义。于是，就有了这些正面注视着我们的神的形象……这使我提出下列问题：

但在希腊人看来，注视是什么？看见又是什么？为什么会存在着看见和被看见之间的相互性？为什么希腊人认为活着就是看见？而活着，就同时是成为可见的。死，就是不再是可见的，就是消失于昏暗、黑夜与不可见之中，就是同时不再看见，引退到黑暗之中。在此机会抓住一个重要因素，那就是注视、光线、被看见的存在的作用的因素……为什么？

这是因为，人们是通过呈现出来的形象以及从自我——其他人和自己——出发看到的而得到同一的。那么，由此出发，当人们扯动一条缆绳，就会有好几条随之而来，那是狄俄尼索斯来了，是戈耳工来了。而我把这个词用在相异的神身上，并特别指出三个：阿耳忒弥斯，狄俄尼索斯和戈耳工。我要以此证明，如果是因为考虑到现代人，现代哲学和现代政治的原因我使用了相异性这个一般的术语，那我就有权利使用它，因为希腊人使用它，因为柏拉图用完全清晰的方式设定**同一个**和**另一个**。但是，应该区分不同的相异性的类型。首先是完全的、绝对的相异性，就是戈耳工的头。这头是什么？

戈耳工的头，是个畸形的头。这个头在戈耳工的脸上聚集了完全相互矛盾而又不可想象的东西。这就是说，这是一个属于混沌、属于虚无的头，是既不可见、又不可能被看见、被言说的东西！那是纯粹的恐怖，是死亡！死亡！希腊人就在这上面讲述事情，他们在使之形象化的过程中从形体的角度讲述戈耳工。他们用珀耳修斯[①]的故事、敢于正视戈耳工的珀耳修斯的故事来讲述戈耳工。

有戈耳工，然后还有其他一些，有阿耳忒弥斯这个边缘的神……而特别是一个处于边缘上却能够孕育她所主管的青春的女神，她要向着中心和青春融为一体。

然后，还有狄俄尼索斯，他还是……我想谢和耐曾有一种解释说过这一切，他说狄俄尼索斯是他者的形象。在诸神

---

① 珀耳修斯：希腊著名英雄。主神宙斯化作金雨与达那厄亲近生下他。

中间他已经是一个他者。而对人类而言他也是个他者。希腊智慧，笼统讲来还是 la Sophrosune，就是说自制力。而狄俄尼索斯是一个栽植疯狂、能使人发疯的神。但同时他又是一个神……到处都有他。他不属于上天，他同时在天又在地，他无处不在，又什么地方都不在。他是不可见的、不可预见的，而同时他又不停地出现。当他在时，就只有他在。而当他通过他的脸、他的面具用眼睛看你时，你会为之神迷，会被他的目光慑服，他征服了你！在狂女的队伍中，即狄俄尼索斯女祭司们聚集时，他会驱使这些女人狂舞起来，随心所欲地骑跨在她们身上，而由此，他在通常互相分离的神与人之间建立了一个沟通的空间。神扮演的是人的角色，即祭司长，而着魔者则扮演神的角色。这就是说，有一个抹消界限的神，他消除的是希腊人感到自己被包容其中又由于这种包容而感到安全保证之间的界限。由于狄俄尼索斯，神、人、畜混淆在一起，一切都混淆了，这样的状态时而会采取令人恐怖的野蛮形式：人混同于畜，着魔的女人们撕裂野兽或同时喂养它们，她们与野兽接近。这就产生了向着纯粹兽性的回归，真是可怕！或者相反，产生一种完美沟通的幸福状态，即向黄金时代的绿洲的回归。就是这样，狄俄尼索斯……而这个奇特、令人陌生、使人困惑的神，会使你对自己感到陌生，对你自己的生活感到陌生，对自己感到疏离，这个神就是城邦。而自制的、平衡又平等的城邦没有给他以位置,甚至没有予以中心位置,不承认拥有自己神庙的他是城邦之神。

四 悲剧的意义

韦尔南：那我，我当然要说，而且也想到了现代的事情。我说这稳定、同一、同样的世界，拒绝与这个他者归化的世界本身就变得很可怕，变成为完全非人的一种相异性。我想希腊人这样做过，他们把狄俄尼索斯安置在神庙里，他们创作了悲剧，在城市酒神节高潮时让狄俄尼索斯与他的神庙一起在剧中出现。可以说，狄俄尼索斯酒神节是虚构的相异性，它呈现在所有舞台观众的眼前。

伏隆提兹：你以同样的方式把悲剧应尽的义务与狄俄尼索斯联系起来，因为问题是在描绘、最终是致力于描绘他的面孔的过程中融入狄俄尼索斯，你在有关悲剧的研究中做了同样的工作，因为狄俄尼索斯是剧中的神。这狄俄尼索斯、这些悲剧的问题在纳盖的合作下成为了两本论文集，而你研究悲剧的方法提出了……提出了几个问题。是否只涉及有关……既然在论文集中收入一些 1962 年的旧文章,而在《赫耳墨斯－赫斯提》一文中,你已经论及了厄勒克特拉,文中有一些精彩的段落……是否只涉及运用悲剧的新的探究领域,或者这是否引发了一种微小变化或一些新方法的方向?

当人们翻阅这些文章,当人们浏览这些文章题目时,都会为其丰富多样而震惊。有特定的历史时刻,在这些段落中有某种可能作为你所做的更加历史性的东西出现,而同时,对文本的研究是这项工作的中心。

另一方面,和精神分析学家们的整个争论的起点……最后,还有一个相当开放的领域。你是如何界定这……

韦尔南:这是我和纳盖共同驰骋的领域,因为这两卷书是我们共同的。说是共同的,不是因为文章是我们中的一个和另一个写的,而是因为文章集中了我们两人的资料,我们把这些集中起来,开始还真的是为我的,这是因为我们在这件事情上说话投机。

于是,我试图把这些事情梳理一下。我觉得在我所做的研究中,我只限于做这种梳理,在一方面,有一种试图成为历史学家的视点的视点。

伏隆提兹:是的。

韦尔南:就是这样。在公元前 5 世纪,突然出现一种文学类型,不仅仅是文学类型,还有机构类型,人们组织戏剧演出，而且是按照规范、按照城邦法则来组织。

纳盖：是雅典城邦的法则。

韦尔南：雅典城邦的，当然，你说的完全对。

伏隆提兹：正因此这具有历史意义。

韦尔南：正因此这具有历史意义。

纳盖：是的。但应该说这不是希腊的，而特别是雅典的。

韦尔南：是的，尽管这在以后传播开来……

伏隆提兹：在公元前5世纪。

韦尔南：这样，作为历史学家，我的问题在这儿。这是一种难以想象的机构创新，城邦掌握某种演出、竞技比赛类型，而且不仅仅是组织这些，而是按照与人们在法庭上看到的由法官取舍的法则（如果可以这样说的话）一样的法则，通过颁奖对他们进行评判。而这是从何而来的呢？因为这不仅仅是一种机构的发明，而且是文学作品的一种全新类型。

它从何而来？问题的提出是因为，众所周知，这种类型的蓬勃发展可以说在不到一个世纪的时间内达到了顶峰。它所以继续下去，是因为人们演出三个悲剧作家的剧作，同时也演其他一些剧作家的作品。但对希腊人来说，还是埃斯库罗斯、索福克勒斯、欧里庇得斯代表悲剧。

纳盖：确实是公元前406年，还有阿里斯托芬的喜剧。

韦尔南：是在公元前406年，完全正确，因为在阿里斯托芬看来，悲剧就是这三个人的。好。那问题就是：我称之为**悲剧时刻**的东西与什么相应呢？作为历史学家，这次我曾试图理解这意味着什么。我试图指出，在谢和耐指明的路线上，这是个重要时刻，因为有悲剧，悲剧引起一种问题，一种对什么是人、对人与行为的关系、对什么是错误、对可能成为血腥罪行的报复、对重建公正的质疑，所有这些问题都是中心问题。但是这些问题是作为人不可能带来……人不可能对之做出完全确切的回答的问题提出来的。谢和耐在讲课中曾指出，悲剧使用了法律词汇……从某种意义上讲，它用这种仍然在构建之中的、不确定的、犹豫不决的法律语言进行辩论。所有的悲剧归根结底都围绕着血腥罪行。总是这样，总是有人或在开始或在结束时被谋杀，或者在开始和结束时同时有人被谋杀。这就是说，这是些属于司法的问题，我认为悲剧是一种对构成雅典对血腥罪行审判的基础的质疑。而在对这种基础质疑的后面，如何能够使这连续不断报复停止呢？由于有报复，当一个人被杀，就会引出一个报复者去杀凶手，而报复者体现了公正。但在行使公正的过程中，轮到他自己犯下罪，也会有人追杀他。这种反对罪行的犯罪和报复和犯罪的无限连环，什么可以中断他呢？

悲剧提出了这个问题，在探究这个问题的过程中，悲剧可以说不断处在一个传奇的过去——在这个过去中，所有那些伟大的家族都成为压在他们头上的不幸的牺牲品，其中充斥着以罪对罪，这使屠杀爆发——和另一方面的组织之间，而这种组织是城邦使用按照罪行的性质所定的各种司法体系建立的，司法根据是故意还是被迫，或甚至是正当防卫来区分罪行的各种等级。悲剧涉及和论述的正是上述所有问题。

纳盖：那么，让我们把历史学家做到底，就是说，让我们改变……

韦尔南：让我们做纳盖，做韦尔南……

纳盖：就是说我们要改变位置，让我们移动到1585年的维桑斯（Vicence）。人们要演《俄狄浦斯王》，只演《俄狄浦斯王》，演出中因为有众多的合唱者，许多王者和人们所要求的一切加入，持续达八个小时……但是，这就提出一个问题，就是面具的问题，因为人们要接受合唱队员们戴面具，但在1585年，如何能接受主要演员戴着面具说话呢？对此，导演，我们知道他的导演可称之为工程学，他说："不，今天，说话的是面孔，而不是面具。"

这里，有没有一种可以对始于16世纪的今天的戏剧和希腊戏剧分离进行反思的方法？

韦尔南：是的，当然，当然。而这，这不完全是……与我提出的问题并没有根本的不同，因为希腊剧并没有把人们可称作性格的东西，即人物的性格搬上舞台。亚里士多德指出,重要的不是人物,而是mythos,是叙事!我经常说,一部希腊剧,就是一种模仿,应该用mimesis这个词。

纳盖:完全对。

韦尔南:但是,当我用模仿这个词时,我用的是它的特殊意义,即人们说为了登上月球或证明一个假设,要进行模仿,就是说:取一事先规定的、被控制的空间,在这个空间里,人们要观看人物可能发生的所有事件,看一看应该采取什么样的对策。以同样的方式——这是希腊剧在16世纪能演出,在今天能如此经常上演的原因——悲剧作家做什么呢?悲剧作家,他表现一些具有传奇色彩的人物。在希腊,所有的人都知道这些人物的故事。

故事的要素是什么?故事的要素,就是可以在故事发展中给予情节的梳理。一开始,演剧可以说是被安排好的,如果我相信亚里士多德所说,我相信他所说,整个悲剧就在于指出:从这起点出发,根据任何必然性或任何或然性,事情总是要归于最后的灾难。那为什么最终是灾难呢?剧中的人物既不是坏人,也不是令人鄙薄之人。这是些更高大的人物,因为这些人物是过去时代的人物,是和我、和你、和每个人一样的人。而如果这些人最终总是陷于灾难,那并不是因为他们特殊的恶行,也不是因为他们的性格所致,而是因为在一特定时刻,他们将要犯下错误。这样,就有对这种错误的反思。而悲剧在今天仍有现实意义，就在于在观剧时，人们会感到……并不因为有一种命运……不是因为这……人们感到人类被造，完全不是恶的，也不是卑下的，他们在某一时刻会受骗，会做一些他们为之承担责任、他们已经从中摆脱、并由他们选择并脱离他们的行为，这些行为嵌入作为世界秩序的宇宙和宗教的秩序之中，而且在这个时刻获得一种意义，这种意义与进行这些行为人认为做过的事情完全不同。这样，人物并不是其行为之父。人物像我们之中的每个人一样活动、受骗。而这种行为将插入必然或可能摧毁行动着的人的情节之中。而在摧毁时，情节又同时会向他指出：他所做的与他想做的是完全不同的事情，更有甚者，他自己也与他想成为的样子迥然相异。比如，在俄狄浦斯的故事中，俄狄浦斯努力要知道自己是谁，当他找到答案时，他发现自己不是英雄，而是个罪人：他与自己原来想象的完全不同。于是，当人们看到这些，就可能从某种历史确立的并对他们已有的某种意义出发，对自己提出问题。在我看来这种意义是处在传说和政治之间的中介位置上。对我们来说，这些问题是不同的。

但是，当人们看悲剧时，当今天的年轻人看这出悲剧时，他们不能不对别的东西提出问题：回到必然性和或然性相同的图表中的东西，它指出各种事物都脱离你，而比如说自己，人自己也脱离自身。如果想象人能够事先安排事物，时间、在历史的科学理论中一切都是可知的，就有可能导致事情与人们想要做的完全不同。而这……于是就产生了悲剧。纳盖说过，在现代人中，有一种同时是政治悲剧，又与古代悲剧不同的悲剧。

纳盖：我想到的是莫斯科的审判。

韦尔南：你想到莫斯科的审判，但人们还可想到其他事情。而这就造成了现时性。这就是说，我全然不相信在历史条件分析——这些条件使悲剧得以诞生并蓬勃发展、获得意义——和在我看来，悲剧今天仍在对我们诉说的事实之间存在着对立。我记得我写过一篇东西，题目是……

伏隆提兹：《历史性和超历史性》。

韦尔南：对。悲剧是历史的，同时它具有超历史的意义。我回答马克思的问题：在社会发展理论中，作为童年的、人类童年时期艺术的希腊艺术，如何随着其进步成为能继续触动我们、使我们感动并具有模式价值的艺术呢？我试图指出一种历史分析何以回答这个问题。

纳盖：而你还回答了弗洛伊德的一个问题？

韦尔南：是的，当然……

纳盖：你以自己的方式回答……

韦尔南：我以自己的方式回答。我对悲剧的概括分析的开始——我做过一些特殊的分析：俄狄浦斯王，巴克科斯的女祭司，厄勒克特拉，刚才伏隆提兹提到过他们——但我还分析了一般的悲剧。在这方面，我不是与弗洛伊德对话，而是与安兹厄（Anzieu），他写过《情结之前的俄狄浦斯》。我在一篇文章中与之进行了激烈的争论，为什么？我认为在这次辩论中，我是对的，因为，安兹厄的错误在于把索福克勒斯的俄狄浦斯分析为一个真实的人物，就像一个他安置在他的沙发上的顾客。他对索福克勒斯的俄狄浦斯进行精神分析并说，"这可怜的俄狄浦斯，他有一种情结"。这不是……

不言而喻，俄狄浦斯是悲剧人物，他并没有情结。但当我发表这篇东西后，有不少人，我想到布兰舒维克那时就对我说过：

"但是，还有一种从弗洛伊德观点出发阅读悲剧的方法，不是说悲剧的俄狄浦斯有情结，而是从整体上把握的剧情要求一种在某种层次上包含曾经是弗洛伊德问题的阅读。"

纳盖：让·斯塔罗宾斯基（Jean Starobinski）在书中也写过同样的话。

韦尔南：让·斯塔罗宾斯基也写过同样的话，是这样。我没有和斯塔罗宾斯基讨论，那时我与安兹厄讨论过。

纳盖：是的，你与安兹厄讨论过，但你也对之提出过质疑，而无论如何，你为什么不……

韦尔南：那时，我说过……

纳盖：你重新阅读弗洛伊德。

韦尔南：是的，因为我认为弗洛伊德的某些文章把悲剧中的俄狄浦斯说成是有情结的人。他声称：如果这出悲剧能感动我们，如果它在这么多世纪之后仍震撼我们的心灵，那是因为我们每个人都是一个小的微型俄狄浦斯，而这，我是不能同意的。这就是说，他有这样的说法：因为我们每个人都梦想与母亲同睡并杀害父亲，所以这出悲剧震撼人心。我声称这不是真的。

纳盖：绝对正确。

韦尔南：我说，在这种形式下，这，这不是真的。《俄狄浦斯王》并不是因为这而感动我们。在与一些精神分析学家的争论的背后，这种争论……请注意，应该明白，我所做的研究之所以与精神分析学家有些关联，那是因为他们不断地与我讨论，与我经常有学术上的联系，对我来说这在神话阅读中特别重要。什么是……如果我思考，如果我试图改正我的过失（mea culpa）——很好，像医学一样出色——我会说：一个精神分析学家应该让我注意到在我的历史心理学中，我没有足够地……我并没有因此要突出情感、欲望的作用。我说的希腊人是知识的、社会的、宗教的、政治的人，你所希望的一切……确实也有情欲，但不是……这种情欲是柏拉图式的，就是说是升华的。但欲望着的人，他并不经常出现。而如果人很坏，他会对我说：听着，就是这样，说到底，如果你没有进入精神分析的观点，那是因为你没有试图了解正在你的分析中什么是欲望的动力。有人会对我说这个。而我，我回答说："当然，是的，这是真的。我是没有。"

但是，我所相信的是：无须加上大写的欲望，一种作为由于生物学或无意识结构原因而寓居于人之中的整体的欲望，我还相信，还是存在特殊的欲望形式，而我对之没有予以足够的重视。

伏隆提兹：就是福柯所指出的。

纳盖：就是福柯所指出的，也是尼古拉·罗洛（Nicola Loraux）在一系列的研究中所指出的。

韦尔南：完全正确。我恰恰想到这，包括在《俄狄浦斯王》中，但是像尼古拉·罗洛或佛罗马·兹埃特林（Froma Zeitlin）从事这种研究的人，就是阅读文本。我，作为历史学家，我经常说：文本只有在人们提出一种语境的时候才是可理解的。语境并不是外在于文本的语境：社会形式、经济、交换、生产形式、技术状态、各种团体之间的斗争。这，这些就是从某种材料出发的历史学家的建构。我说过一出悲剧的语境处于……这是一种精神的语境，某种知识、心灵的前景，于是人们在文本下面，在文本之中找到了这种语境。而一位精神分析学家要做有价值的分析也用的是同样的方法，他的分析不应该从外在于文本的东西、从已定之物出发，如果那只是关于沙发的经验的语境的话。他应该在文本之中找到语境。关于这个问题，我坚持我的观点，我想那些受到精神分析启迪的人已经修正了我的一些说法，并继续进行研究。因此，如果我不是上了年纪，我要说我还应去研究有关欲望着的希腊人的人类学。

再版后记

杜小真

《古希腊的神话与宗教》的中译本初版于 2001 年，收入三联的"文化生活译丛"。在"译后记"中，我谈到了与韦尔南教授在 2000 年的会面，那时我告之他的《希腊思想的起源》一书已由秦海鹰教授完成翻译，三联出版，并转赠了中译本。而《古希腊的神话与宗教》的翻译我刚刚完成交稿，尚待出版。回国后不久，中译本出版，我托人转交韦尔南教授几本样书。因为种种原因，在之后的几年中，总没有机会再见韦尔南教授。再后来到了 2007 年，得到法国朋友传来的消息：教授走了，享年 93 岁。

感谢商务印书馆，感谢多年的朋友倪乐女士，能够让这本小书再版，也顺此机会改正了初版中的一些疏漏和错误，修订、统一了一些专有名词的译法。也以此纪念给我们留下那么多宝贵精神财产的韦尔南教授,也表达我对这位可敬、可亲的老人的深深怀念。

2012 年 4 月 13 日,于北京昆玉河畔

图书在版编目（CIP）数据

古希腊的神话与宗教 /（法）韦尔南著；杜小真译. —北京：商务印书馆，2014（2020.1重印）

（涵芬书坊）

ISBN 978 − 7 − 100 − 10718 − 1

Ⅰ. ①古… Ⅱ. ①韦… ②杜… Ⅲ. ①宗教史 — 研究 — 古希腊 Ⅳ. ①B929.545

中国版本图书馆 CIP 数据核字（2014）第210833号

权利保留，侵权必究。

古 希 腊 的 神 话 与 宗 教

〔法〕让-皮埃尔·韦尔南 著
杜小真 译

商 务 印 书 馆 出 版
（北京王府井大街36号 邮政编码100710）
商 务 印 书 馆 发 行
山东临沂新华印刷物流
集团有限责任公司印刷
ISBN 978 − 7 − 100 − 10718 − 1

2015年1月第1版　　　开本889×1194 1/32
2020年1月第2次印刷　　印张5¼

定价：40.00元

涵芬书坊

第一辑

001　亡灵对话录　　　　　〔法〕费讷隆 著
　　　　　　　　　　　　　周国强 译

002　艺术家画像　　　　　〔奥〕里尔克 著
　　　　　　　　　　　　　张　黎 译

003　莫斯科日记　柏林纪事　〔德〕本雅明 著
　　　　　　　　　　　　　潘小松 译

004　哲学讲稿　　　　　　〔法〕涂尔干 著
　　　　　　　　　　　　　渠敬东　杜　月 译

005　河上一周　　　　　　〔美〕梭　罗 著
　　　　　　　　　　　　　陈　凯 译

006　致死的疾病　　　　　〔丹〕克尔凯郭尔 著
　　　　　　　　　　　　　张祥龙　王建军 译

007　致外省人信札　　　　〔法〕帕斯卡尔 著
　　　　　　　　　　　　　晏可佳　姚蓓琴 译

008　爱之路　　　　　　　〔俄〕屠格涅夫 著
　　　　　　　　　　　　　黄伟经 译

009　地狱　神秘日记抄　　〔瑞典〕斯特林堡 著
　　　　　　　　　　　　　潘小松 译

010　花的智慧　　　　　　〔比〕梅特林克 著
　　　　　　　　　　　　　谭立德　周国强 译

涵芬书坊

第二辑

011	残酷戏剧	〔法〕阿尔托 著
		桂裕芳 译
012	道德小品	〔意〕莱奥帕尔迪 著
		祝本雄等 译
013	古希腊的神话与宗教	〔法〕韦尔南 著
		杜小真 译
014	克尔凯郭尔日记选	〔丹〕罗 德 编
		姚蓓琴 晏可佳 译
015	落叶（全两册）	〔俄〕罗扎诺夫 著
		郑体武 译
016	我与你	〔德〕布 伯 著
		陈维纲 译
017	人性与价值	〔美〕桑塔亚那 著
		陈海明 仲 霞 乐爱国 译
018	暮色集	〔德〕赫尔姆林 著
		张 黎 译
019	夏洛蒂·勃朗特书信	〔英〕夏洛蒂·勃朗特 著
		杨静远 译
020	批评生理学	〔法〕蒂博代 著
		赵 坚 译

涵芬书坊

第三辑

021　卢梭与浪漫主义	〔美〕白璧德 著
	孙宜学 译
022　一个热爱艺术的修士的内心倾诉	〔德〕瓦肯罗德 著
	谷　裕 译
023　刚果之行　乍得归来	〔法〕纪　德 著
	由　权 译
024　浪漫派	〔德〕海　涅 著
	薛　华 译
025　约翰·穆勒自传	〔英〕穆　勒 著
	吴良健　吴衡康 译
026　论自然	〔美〕爱默生 著
	赵一凡 译
027　桶的故事　书的战争	〔英〕斯威夫特 著
	管　欣 译
028　论诗剧	〔英〕德莱顿 著
	赵荣普 译
	吉砚茹 补译
029　在世遗作	〔奥〕穆齐尔 著
	徐　畅 译
030　来自彼岸	〔俄〕赫尔岑 著
	刘敦健 译